CW00631486

DEUTSCH
in Küche + Restaurant

Eine Einführung
in die Fachsprache der Gastronomie

von Franz Eppert

DEPT COMMUNICATION
AND LANGUAGES

Max Hueber Verlag

Bildquellenverzeichnis

Umschlagfoto: Apfel-Schweinebraten. ADAM, Komplett-Büro, München
2. Umschlagseite oben: Thomy; unten: McCain, The Food Professionals Pressedienst, Sprockhövel
3. Umschlagseite oben: Terra Nova; unten: ADAM, Komplett-Büro, München
Seite 73f: Jürgen Eichdorf, Wortatlas der deutschen Umgangssprache, Bd. 2, S. 58f. Francke Verlag, 1978 / K. G. Saur Verlag, München
Seite 82, 84 und 87: Studio und Archiv für Fotografie Teubner, Füssen
Seite 85: Globus-Kartendienst, Hamburg
Seite 90: Schulz / Queens Hotel, München. © Christian Regenfus, München
Seite 96: B & G Bildagentur (A. Schwel), Karlsruhe
Seite 97, 102 und 107: Werner Bönzli, Reichertshausen

Textquellenverzeichnis

Seite 17, 49, 53, 58, 67 und 72: dtv-Küchen-Lexikon: Erhard Gorys, dtv 36003, © 1993 Deutscher Taschenbuch Verlag GmbH & Co. KG, München
Seite 18 f: Brockhaus-Wahrig, Deutsches Wörterbuch in 6 Bänden, © F. A. Brockhaus GmbH, Mannheim
Seite 49, 53, 67, 72: entnommen dem Küchenlexikon für Feinschmecker von Erika Türkhan, erschienen im Wilhelm Heyne Verlag, München
Seite 75 bis 80: aus: Magdalena Wertenbroch: Rezepte für den Hauswirtschaftsunterricht. Verlag Sigrid Persen, Horneburg
Seite 92: aus „Sylt à la Carte", Eiland Verlag, Keitum auf Sylt, 1989
Seite 106: mit Genehmigung entnommen aus Langenscheidts Großwörterbuch Deutsch als Fremdsprache, Langenscheidt-Verlag Berlin und München

Dieses Buch ist eine Neubearbeitung des Titels „Lukullisches und Sprachliches",
Max Hueber Verlag, Ismaning 1978 (ISBN 3-19-001301-2)

Das Werk und seine Teile sind urheberrechtlich geschützt. Jede Verwertung in anderen als den gesetzlich zugelassenen Fällen bedarf deshalb der vorherigen schriftlichen Einwilligung des Verlags.

| 3. | 2. | 1. | | Die letzten Ziffern bezeichnen |
| 1998 | 97 | 96 | 95 | 94 | Zahl und Jahr des Druckes. |

Alle Drucke dieser Auflage können, da unverändert, nebeneinander benutzt werden.
1. Auflage
© 1994 Max Hueber Verlag, D-85737 Ismaning
Zeichnungen: Herbert Horn, München
Satz: abc satz · bild · grafik, D-86807 Buchloe
Druck: Manz AG, Dillingen
Printed in Germany
ISBN 3-19-001501-5

Inhaltsverzeichnis

Erstes Kapitel_____ Küchengeräte und Küchenmaschinen 5

Zweites Kapitel_____ Ein kleines ABC der Kochtechnik.................................15

Drittes Kapitel_____ Fleisch und Fisch 29

Viertes Kapitel_____ Gewürze – Kräuter – Obst – Gemüse...........................39

Fünftes Kapitel_____ Einige ausführliche Kochrezepte...............................46

Sechstes Kapitel_____ Zehn weitere Rezepte 75

Zwischenspiel_____ „Gastronomische" Sprichwörter und Redensarten 81

Siebtes Kapitel_____ Die Hauptmahlzeiten 83

Achtes Kapitel_____ Im Restaurant...89

Neuntes Kapitel_____ Wissenswertes über Wein, Bier und Schnaps.................95

Schlüssel...109

Erstes Kapitel

Küchengeräte und Küchenmaschinen

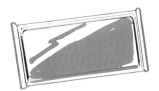

s Backblech, -e = s Kuchenblech, -e

Ein Blech, auf dem Backwaren gebacken werden.
*Ohne Backblech können wir keine Plätzchen, keinen
Stollen, keinen Zwetschenkuchen und auch keine
Pizza backen.*

e Backform, -en = e Kuchenform, -en

Die verschiedenen Formen aus Blech, Ton oder feuerfe-
stem Glas zum Backen von Kuchen, Torten, Kleinge-
bäck und Pasteten.
*Man braucht mindestens eine runde Backform für
Napfkuchen, eine Kastenkuchenform, eine Form für
Tortenböden und eine Springform.*

s Besteck

Alle Geräte, die man zum Essen braucht.
s Messer, -   e Gabel, -n   r Löffel, -
Kaffeelöffel, Teelöffel, Eßlöffel
*Wenn du den Tisch deckst, nimm bitte das Besteck
aus dieser Schublade.*

s Brettchen, -

Ein kleines Holzbrett, auf dem man mit dem Messer
schneiden kann.
*Nimm das Brettchen, du zerkratzt mir ja sonst den
ganzen Tisch mit dem Messer.*

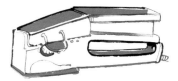

r Dosenöffner, - = r Büchsenöffner, -

Ein Gerät zum Öffnen von Konservendosen.
Gestern habe ich mir endlich einen elektrischen Dosenöffner gekauft.

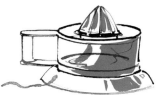

r Entsafter, -

Ein (elektrisches) Gerät zum Gewinnen von Saft aus Obst oder Gemüse.
Seit wir den Entsafter haben, leben wir viel gesünder, trinken Obstsaft und auch Gemüsesaft.

r Fleischwolf = e Fleischmaschine, -n

Eine Maschine zum Zerkleinern von Fleisch.
Ich kaufe nie Gehacktes, sondern immer ein ganzes Stück Fleisch, das ich dann selbst durch den Wolf drehe.

s Geschirr

Alle die Geräte und Gefäße aus Glas, Porzellan, Steingut, die man braucht, wenn man Speisen und Getränke zubereitet, aufträgt, ißt und trinkt.
Früher spülte gewöhnlich die Mutter das Geschirr, und die Kinder mußten es abtrocknen.

r Geschirrspüler, - = e Geschirrspülmaschine, -n

Eine Maschine, die das Geschirr automatisch spült.
Mit dem neuen Geschirrspüler braucht man endlich nicht mehr selbst zu spülen und abzutrocknen.

r Grill, -s = s Grillgerät, -e = r Grillautomat, -en

Ein (heute meist elektrisches) Gerät mit einem verstellbaren Rost oder mit einem drehbaren Spieß zum Grillen von Fleisch, Fisch oder Geflügel.
Seit ich einen Grill habe, schmecken mir Würstchen und Koteletts viel besser.

r Herd, -e = Küchenherd = Elektroherd = Gasherd

Ein Gerät zum Kochen, Braten, Backen mit drei oder vier Herdplatten und einem Backofen mit Unter- und Oberhitze.

Der Kuchen ist schon im Backofen und das Kaffeewasser auf dem Herd: Ich bin gleich fertig.

r Kaffeeautomat, -en = e Kaffeemaschine, -n

Ein elektrisches Gerät für die Zubereitung von Kaffee.

Unser neuer Kaffeeautomat hat einen Dauerfilter, der das Filterpapier überflüssig macht.

r Kessel, - = Wasserkessel

Das ist ein Metallgefäß zum Erhitzen von Wasser.

Nimm bitte den Wasserkessel vom Herd.

r Kochlöffel, - = Rührlöffel

Ein Holzlöffel mit langem Stiel zum Kochen.

Mit dem Kochlöffel rührt man um, damit nichts anbrennt.

r Korkenzieher, -

Ein kleines Gerät, mit dem man den Korken aus der Flasche ziehen kann. Es ist ein meist schraubenförmiger Bohrer mit einem querstehenden Griff.

Wie soll ich die Flasche öffnen, wenn der Korkenzieher nicht zu finden ist?

e Küchenmaschine, -n

Ein elektrisches Gerät zum Zerkleinern, Rühren, Schlagen, Mischen von Zutaten für Speisen.

Mit einer guten Küchenmaschine hat man alles zusammen: ein Mixgerät zum Mixen von Getränken, ein Rührgerät, mit dem man den Teig rühren und kneten kann, und einen Gemüseschneider zum Zerkleinern von Gemüse (reiben, raspeln) und zum Mahlen von Nüssen.

e Küchenwaage, -n = Haushaltswaage

Eine kleinere Waage zum Abwiegen von Lebensmitteln
in der Küche.
*Für flüssige Zutaten nehme ich immer den Meßbe-
cher, aber sonst ist mir die Waage lieber.*

s Küchenmesser, -

Ein kleines, spitzes Messer für die Arbeit in der Küche.
*Ob man nun Speck oder Zwiebeln in Würfel schnei-
den will, ohne Küchenmesser ist man ganz hilflos.*

r Kühlschrank, ⁻e

Ein schrankartiger Behälter mit einer Kältemaschine
zum Frischhalten von Nahrungsmitteln, oft hat er auch
ein Gefrierfach.
*Die modernen Kühlschränke braucht man nicht mehr
abzutauen, sie haben eine Abtau-Automatik.*

r Meßbecher, -

Ein meist durchsichtiger trichterförmiger Behälter mit einer Maßeinteilung, mit dem man häufig benutzte Zutaten
beim Kochen und Backen abmessen kann.
*Ein Meßbecher ist ja schön und gut, aber wenn ich
was wirklich Gutes backen will, nehme ich doch immer die Waage, die ist nun mal genauer.*

s Mikrowellengerät, -e = r Mikrowellenherd, -e

Ein Gerät, mit dem man Speisen in wenigen Minuten
auftauen, erhitzen, garen kann.
*Alles geht so schnell mit der Mikrowelle, man kann
auch „zwischendurch" warm essen.*

e Pfanne, -n = Bratpfanne (mit und ohne Deckel)

Ein flaches Gefäß mit langem Griff zum Braten und
Backen.
Ich schlage dir schnell ein Ei in die Pfanne.

e Raspel, -n

Ein Küchengerät zum Zerkleinern von Obst und
Gemüse.
Für rohe Kartoffeln nehme ich die Elektro-Raspel.

e Reibe, -n

Siehe: „Raspel"
Die Allzweckreibe brauche ich hauptsächlich für Retti-
che und Möhren, weil ich so gern Rettichsalat und
auch Möhrensalat esse.

s Rührgerät, -e = Handrührgerät

Ein elektrisches Küchengerät mit Rührbesen und Knet-
haken zum Rühren von Teig und zum Schlagen von
Sahne.
Das ist doch phantastisch, mit dem Rührgerät braucht
man nicht mehr zu rühren, bis einem der Arm weh-
tut, man braucht den Kuchenteig nicht mehr zu kne-
ten, und auch die Sahne ist im Nu geschlagen.

e Schaumkelle, -n = r Schaumlöffel, -

Ein langstieliger, flacher, runder Löffel mit Löchern, mit
dem man z.B. den Schaum von Suppen abschöpfen
oder etwas aus der Suppe herausheben kann.
Reich mir mal bitte schnell die Schaumkelle.

r Schneebesen, -

Ein Küchengerät, mit dem Eiweiß zu Schaum und Sahne
zu Schlagsahne geschlagen wird.
Einen Schneebesen braucht man heutzutage fast gar
nicht mehr. Mit dem Rührgerät geht alles schneller.

r Schnellkochtopf, ⸚e = Schnelltopf = Dampf-kochtopf

Ein luftdicht verschließbarer Kochtopf, in dem ein
Dampfüberdruck erreicht wird, der die Temperatur auf
120 Grad steigen läßt.
Im Dampfkochtopf werden die Speisen viel schneller
gar.

r Schöpflöffel, - = e Schöpfkelle, -n

Ein großer und tiefer Löffel zum Schöpfen von Suppe.
Man braucht unbedingt einen Schöpflöffel, um die Suppe auf die einzelnen Teller zu verteilen.

e Schüssel, -n (mit oder ohne Deckel)

Ein tiefes Gefäß zum Anrichten und zum Auftragen von Gerichten.
Reich mir doch mal bitte die Schüssel mit den Kartoffeln rüber.

s Sieb, -e

Ein Gerät mit Löchern, mit dem man z.B. feste Stoffe von einer Flüssigkeit trennen kann.
Einen Augenblick noch, ich muß nur noch die Nudeln ins Sieb schütten, damit das Wasser abläuft.

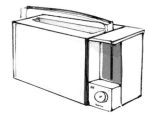

r Toaster, -

Ein elektrisches Gerät zum Rösten von Brot. Viele haben heute einen abnehmbaren Brötchen-Röstaufsatz.
Seit uns Helga den Toaster geschenkt hat, habe ich immer das Problem beim Frühstück, ob ich lieber ein frisches Brötchen oder eine Scheibe Toast esse.

r Topf, ⁻e (mit und ohne Deckel) = Kochtopf = Suppentopf = Milchtopf

Ein Gefäß zum Kochen.
Kannst du schon mal den Topf mit der Suppe auf den Herd setzen?

e Zitronenpresse, -n

Ein Gerät zum Auspressen von Zitronen oder Orangen.
Wo ist denn nur wieder die Zitronenpresse?

richtig   falsch

1. Topf
   a) ein Topf mit Milch
   b) ein Topf mit Suppe
   c) ein Topf mit Kuchen

2. Pfanne
   a) ein Pudding in der Pfanne
   b) ein Ei in der Pfanne
   c) ein Braten in der Pfanne

3. Schüssel
   a) eine Schüssel Kartoffeln
   b) eine Schüssel mit Gemüse
   c) eine Schüssel Bier

4. Sieb
   a) Wasch das Gemüse, und laß es im Sieb abtropfen.
   b) Das Sieb ist wasserdicht.
   c) Das Sieb hat sieben Arme.

5. Schneebesen
   a) Nimm den Schneebesen und kehr die Straße frei.
   b) Mit dem Schneebesen schlägt man Eiweiß
      zu Schaum.
   c) Der Schneebesen funktioniert nur im Schnee.

6. Reibe
   a) Gib mir die Reibe, ich will Gehacktes machen.
   b) Gib mir die Reibe, ich will Möhrensalat machen.
   c) Gib mir die Reibe, ich will Rettiche zubereiten.

7. Dosenöffner
   a) Die Flasche ist zu, gib mir den Dosenöffner.
   b) Elektrische Dosenöffner sind bequem.
   c) Mit einem Dosenöffner öffnet man auch Tüten.

8. Korkenzieher
   a) Ich brauche den Korkenzieher für die
      Flasche mit dem Drehverschluß.
   b) Ich brauche den Korkenzieher, wenn
      ich eine Flasche Wein öffnen will.
   c) Ich brauche einen Korkenzieher, wenn es zieht.

9. Fleischwolf
a) Der Fleischwolf ist ein gefährliches Tier.
b) Mit dem Fleischwolf zerkleinert man Fleisch.
c) Mit dem Fleischwolf macht man Gehacktes.

10. Spülmaschine
a) Darin macht man Geschirr sauber.
b) Darin spült man Töpfe und Pfannen.
c) Darin säubert man Gemüse und Obst.

11. Meßbecher
a) Meßbecher sind nur für flüssige Sachen.
b) Meßbecher sind nur für trockene Sachen.
c) Mit einem Meßbecher kann man Zutaten messen.

12. Kessel
a) ein Kessel voll Suppe
b) ein Kessel voll Mehl
c) ein Kessel voll Wasser

13. Besteck
a) Für vier Personen braucht man vier Bestecke.
b) Die Suppe ißt man mit einem Besteck.
c) Ein Besteck hat mindestens drei Teile.

14. Geschirr
a) Geschirr wird gespült.
b) Geschirr wird gebacken.
c) Geschirr wird gekocht.

15. Entsafter
a) Ich möchte Saft machen. Gib mir den Entsafter.
b) Mit dem Entsafter gewinnt man keinen Saft.
c) Der Entsafter verbraucht Saft.

Übung 2: Was für ein Gerät brauchen Sie?

1. Sie wollen wissen, wieviel 100 Gramm Mehl sind und wieviel ein Viertel Liter Milch ist.
   Sie brauchen einen _____.

2. Für den Kuchen brauchen Sie 3 Pfund Mehl, ein Pfund Zucker, ein Viertelpfund Butter und manches mehr.

   Auf der _____ wiegen Sie die Zutaten aus.

3. Sie haben frisches Gemüse und frisches Obst gekauft und wollen jetzt Saft machen.
   Sie brauchen einen _____.

4. Den Kuchenteig gibt man in eine runde oder eine viereckige _____.

5. Pizza, kleines Gebäck und Stollen schiebt man auf einem _____ in den Backofen.

6. Sie haben ein gutes Stück Fleisch gekauft und möchten jetzt Gehacktes (für Frikadellen, Hackbraten, Tartar) haben; sie drehen das Fleisch also durch den

   _____.

7. Das Gerät in der Küche, das man zum Kochen, Braten und Backen braucht

   und das Platten und einen Backofen hat, ist der _____.

8. Wenn man nicht mehr mit der Hand das Geschirr sauberzumachen braucht,

   dann hat man, Gott sei Dank, eine _____.

9. Ich schlag' dir schnell ein paar Eier in die _____.

10. Auf dem Tisch liegt das Besteck, stehen die Teller und Gläser. Das Gemüse

    und die Kartoffeln sind in zwei _____.

Übung 3: Was für ein Gerät brauchen Sie?

1. Sie haben die Nudeln in Salzwasser weichkochen lassen und brauchen das Wasser nicht mehr. Sie schütten deshalb das heiße Wasser mit den Nudeln in ein

   _____.

2. Wenn man etwas Zitronensaft braucht, nimmt man natürlich keinen Entsafter und

   auch keine Saftpresse, sondern eine _____.

3. Sie wollen eine Omelette machen. Sie rühren deshalb das Eigelb mit Zucker schaumig und schlagen das Eiweiß zu festem Schnee. Sie brauchen dazu natürlich einen

   _____.

4. Zum Zerkleinern von rohen Rettichen und Möhren für Salat brauchen Sie

   entweder eine _____ oder eine _____.

5. Flaschen öffnet man mit einem _____.

6. Konserven öffnet man mit einem _____.

7. Sie wollen den Schaum von der Suppe abschöpfen. Sie brauchen einen

   _____.

8. Die modernen _____ braucht man nicht mehr abzutauen, sie haben vollautomatische Abtauung.

9. Wenn ich morgens Kaffee trinken möchte, benutze ich den neuen

   _____, der einen Dauerfilter hat und das Filterpapier überflüssig macht.

10. Messer, Gabeln, Löffel sind das _____.

Übung 4: Was macht man damit? Wofür brauchen Sie das?

1. Meßbecher	10. Herd	19. Zitronenpresse
2. Toaster	11. Küchenmaschine	20. Schneebesen
3. Backblech	12. Grill	21. Reibe
4. Küchenwaage	13. Fleischwolf	22. Brettchen
5. Entsafter	14. Topf	23. Küchenmesser
6. Raspel	15. Pfanne	24. Besteck
7. Kuchenform	16. Rührgerät	25. Geschirr
8. Spülmaschine	17. Schüssel	26. Mikrowellengerät
9. Kochlöffel	18. Sieb	

Zweites Kapitel

Ein kleines ABC der Kochtechnik

ab·brennen (Achtung: nicht mit „flambieren" verwechseln!)
Man hält einen Teig (Mehl und Fett) warm und rührt solange, bis er sich vom Rand und vom Boden des Gefäßes löst. Durch die Wärmezufuhr verdampft ein Teil der Flüssigkeit des Teigs.
Nach dem Abbrennen muß der Teig noch abkühlen, bevor ich langsam die vier Eier unterziehe und mit Salz und Butter würze.

ab·hängen Manches Fleisch oder Wild muß eine Zeitlang hängen, bis es genießbar ist.
Ich möchte aber nur ein gut abgehangenes Stück.

ab·kochen Gemüse oder Fleisch wird in Flüssigkeit einmal kurz zum Kochen gebracht, damit es nicht so schnell verdirbt. Es ist dann keimfrei.
Ich koche es heute abend noch ab, dann bin ich wenigstens sicher.
Als ich in den Tropen war, habe ich nur abgekochtes Wasser getrunken.

ab·schmecken Bevor man ein Gericht serviert, prüft man den Geschmack und würzt (mit Pfeffer, Salz, Kräutern und anderen Gewürzen) eventuell nach.
Selbst wenn man genau dem Rezept folgt, muß man zum Schluß immer noch abschmecken.

ab·schrecken Manche Speisen (Nudeln) werden nach dem Kochen kurz mit kaltem Wasser übergossen, damit sie z.B. nicht verkleben. Bei Eiern läßt sich danach die Schale besser lösen.
Nudeln in kochendem Wasser garen, dann das Wasser abschütten und die Nudeln abschrecken.

ab·stechen Man trennt z.B. kleine Klöße mit einem Löffel vom Teig und gibt sie in eine siedende Flüssigkeit zum Garen.
Aus einem Rezept für Grießklöße: Klöße abstechen und in siedendem Salzwasser garziehen lassen.

an·braten Man läßt ein Stück Fleisch bei starker Hitze außen kurz braun werden, damit der Saft im Fleisch bleibt.
Ich brate das Stück schon einmal an, morgen kann ich es dann durchbraten lassen.

an·brennen Wenn man Speisen zu stark oder zu lange erhitzt, verdampft zu viel Flüssigkeit, die Speisen kleben am Topfboden an und verkohlen.
Wenn man angebrannte Speisen wenigstens zum Teil noch retten möchte, muß man sie sofort in ein neues Gefäß schütten.

auf·kochen Etwas schon Gekochtes, nachdem es erkaltet ist, wieder erhitzen.
Ich lasse die Soße noch einmal kurz aufkochen, dann können wir sofort essen.

aus·beinen Man löst die Knochen aus dem Fleisch heraus.
Zum Ausbeinen braucht man unbedingt ein sehr scharfes Messer.

aus·lassen Man läßt Butter schmelzen und/oder erhitzt Speck, um flüssiges Fett zu gewinnen.
Ausgelassene Butter schmeckt gut zu Hummer.

backen (1) Teig für Brot, Kuchen, Torten, Kleingebäck läßt man im Ofen in heißer, trockener Luft (160–250 Grad Celsius) gar werden.
Ich backe sehr gern, und wenn ich irgendwo eingeladen bin, bringe ich meist was Selbstgebackenes mit.
(2) Fleisch, Fisch, Geflügel, Gemüse werden im Ofen in einem Fettbad gegart.
Aus einem Rezept für Fischklöße: ... kleine Kugeln formen, panieren und in Fett schwimmend backen ...

beizen = ein·legen = marinieren
Man legt Fleisch, Fisch, Wild in eine Marinade, das ist eine Flüssigkeit z.B. aus Essig, Zitronensaft, Gewürzen, Kräutern, Zwiebeln, Salz, Wein, Buttermilch und dergleichen. Alles wird dann würziger oder zarter im Geschmack.
Marinierte Heringe schmecken besonders gut.

16

binden = an·dicken = legieren = ein·brennen

Wenn man Suppen, Soßen, Gemüse dickflüssiger (= sämig) machen möchte, verrührt man z.B. etwas Mehl mit kalter Flüssigkeit zu einem Brei und gießt den unter ständigem Rühren in die nicht mehr kochende Suppe oder Soße. Andere Bindemittel sind: Eigelb, Sahne, Gelatine.

Ich habe keine besondere Vorliebe für gebundene oder klare Suppen, das kommt ganz auf das Gericht an.

blanchieren Manche Lebensmittel, z.B. Gemüse, Geflügel, Mandeln, werden kurz in kochendes Wasser getaucht oder mit kochendem Wasser begossen. Dadurch reinigt man die Lebensmittel, oder man beseitigt unwillkommene Geruch- und Geschmackstoffe.

Manche Pilze muß man blanchieren, weil sie giftige Stoffe enthalten.

braten 1. Was sagt das dtv Küchen-Lexikon? (Seite 72-73)

---

braten, die wohl älteste Zubereitungsart, denn bald nachdem der Mensch die Herrschaft über das Feuer erlangte, begann er, Fleischstücke der Hitze des Feuers auszusetzen und dadurch genießbarer und wohlschmeckender zu machen. Beim Braten bildet sich auf der Oberfläche des Fleisches eine appetitlich braune Kruste aus verdunstungsfördernden Röststoffen, die die Poren verschließt und das Austreten des Fleischsaftes verhindert. Die Fasern des Fleisches werden im eigenen Saft gegart, sie werden weich und zart und entwickeln die begehrten Geschmacksstoffe. → Garstufen beim Fleischbraten. – Man unterscheidet drei Hauptarten des Bratens: das Braten am Spieß oder auf dem Rost, das Braten in der Ofenröhre und das Braten in der Pfanne. – *Am Spieß:* Das Braten am Spieß, am Speer ist die ursprüngliche Art des Bratens; es wird überwiegend bei ganzen Tieren (Ochse, Schwein, Hammel) oder großen Fleischstücken angewandt. – *Auf dem Rost:* Das Braten auf einem eisernen Rost über glühender Holzkohle oder in elektrischer Strahlungshitze leitet sich vom Spießbraten ab. Hier wird das Fleisch stark entfettet und gewinnt dadurch an Bekömmlichkeit. → Barbecue, → grillen. – *In der Ofenröhre:* In der trockenen Hitze des Ofens werden vor allem größere Fleischstücke wie Roastbeef, Kalbskeule, Schweinenacken, Hammelrücken, Gans, Rehrücken usw. gebraten. Im Ofen wirkt die Hitze von allen Seiten auf das Fleisch ein, wodurch es besonders gleichmäßig gar wird. – *In der Pfanne:* Kleine, flachgeschnittene Fleischstücke wie Filetbeefsteaks, Rumpsteaks, Schnitzel, Koteletts, Leber usw. werden in der Pfanne gebraten. Die panierten oder unpanierten Fleischscheiben werden in sehr heißes Fett gelegt, nach wenigen Minuten gewendet und fertiggebraten. Der Weltraumfahrt verdanken wir die gesündeste Art des Bratens: das fettlose Braten in einer Stahlpfanne, die mit einem hitzebeständigen und nahezu unzerstörbaren Kunststoff beschichtet ist, die sogar das gefürchtete »Anbacken« des Fleisches verhindert.

2. Und was findet man im Brockhaus-Wahrig (Deutsches Wörterbuch in 6 Bänden)?

brät (3. Sg. Ind. Präs. von) *braten*

Brät (n.; -s; unz.; schweiz.) *rohe Wurstmasse; Wurst* ~ [< ahd. *brat(o)* „Fleisch"; → a. *Braten*]

'Brat·aal (m.; -(e)s, -e) *gebratener Aal*

'Brat·ap·fel (m.; -s, ⸚) *auf der Herdplatte od. im Backofen gebratener Apfel; im Zimmer roch es nach Bratäpfeln*

'Brat·bock (m.; -(e)s, ⸚e) *Halter für den Bratspieß*

'Brät·chen (n.; -s, -) *kleiner Braten*

'brä·teln (V. 500) etwas ~ *leicht braten, anbraten*

'bra·ten (V. 115) 1 (500) etwas ~ *(in der Pfanne) in heißem Fett bräunen u. garen: Fisch, Fleisch, Kartoffeln* ~ ; *etwas braun, goldgelb, knusprig, kräftig, leicht, scharf* ~ ; *Hähnchen am Spieß* ~ ; *auf dem Herd, auf dem Rost* ~ ; *in Butter, Öl, zerlassenem Speck* ~ ; *in der Pfanne, in der Röhre* ~ ; *ich darf nichts Gebratenes essen* 1.0.1 *Gebratenes und Gesottenes* (bes. im Märchen) *viel gutes Essen* 1.1 *nun brate mir einer einen Storch!* (fig.; umg.) *das ist ja merkwürdig!, ich muß mich wundern* 1.2 *die gebratenen Tauben fliegen einem nicht ins Maul, in den Mund* (fig.; umg.) *man muß etwas tun, um etwas zu bekommen* 2 (400) etwas brät *bräunt u. gart in heißem Fett: das Fleisch brät schon in der Pfanne* 3 (410; fig.; umg.) *sich starker Sonnenbestrahlung aussetzen (um braun zu werden): am Strand werde ich in der Sonne* ~ [< ahd. *bratan* < idg. *bhret-*; zu *bher-* „wallen, kochen"; verwandt mit *brauen, Brei, Brot, Brodem, Brühe, brüten, brennen, brodeln, Brunnen, Brunst*, dem 2. Teil von *Windsbraut*, nicht mit *Braten*]

'Bra·ten (m.; -s, -) 1 *größeres gebratenes Stück Fleisch: ein knuspriger, fetter* ~ ; *bei uns gab es heute Schmor* ~ ; *den* ~ *anbrennen lassen; am Abend kalten* ~ *zum Brot essen* 1.0.1 *den* ~ *riechen* (fig.; umg.) *etwas Vorteilhaftes od. Unangenehmes frühzeitig bemerken u. sich darauf einstellen* 1.0.2 → a. *fett* (1.0.1) 2 *größeres Stück rohen Fleisches, das gebraten werden soll; Schweine* ~ ; *sieh mal nach, was der Metzger heute an* ~ *anzubieten hat* [< ahd. *brat(o)* „Fleisch ohne Speck u. Knochen"; heutige Bedeutung beeinflußt durch nicht verwandtes *braten*; urspr. Bed. noch erhalten im 2. Teil von *Wildbret*]

'Bra·ten·duft (m.; -(e)s, ⸚e) *Duft nach Braten;* ~ *durchzog das ganze Haus*

'Bra·ten·fett (n.; -(e)s; unz.) *das beim Braten aus dem Fleisch austretende Fett*

'Bra·ten·mei·ster (m.; -s, -; früher) *oberster Koch in fürstlichen Küchen*

'Bra·ten·mes·ser (n.; -s, -) *Messer zum Schneiden von Braten*

'Bra·ten·plat·te (f.; -, -n) *Platte zum Servieren von Braten, Platte mit Braten(aufschnitt)*

'Bra·ten·rock (m.; -(e)s, ⸚e; umg.; scherzh.) *Gehrock*

'Bra·ten·saft (m.; -(e)s, ⸚e; Pl. selten) *Saft, der sich beim Braten aus dem Fleisch absondert*

'Bra·ten·satz (m.; -es; unz.) *der sich beim Braten an der Pfanne ansetzende Satz aus abgesonderten kleinen Teilen der Fleischkruste o. ä.*

'Bra·ten·schmalz (n.; -es; unz.) *charakteristisch schmeckendes, mit Gewürzen wie Thymian, Majoran, Zwiebeln u./od. Äpfeln ausgelassenes Schweinefett*

'Bra·ten·so·ße (f.; -, -n) 1 *Soße aus reinem od. mit Mehl gebundenem Bratensaft (u. Brühe)* 2 *Aromastoffe u. Bindemittel enthaltendes Pulver, aus dem unter Zusatz von Wasser eine Soße hergestellt wird; ein Päckchen* ~ *kaufen*

'Bra·ten·spicker (-k·k-; m.; -s, -) *dicke, lange Nadel zum Spicken von Fleisch*

'Bra·ten·topf (m.; -(e)s, ⸚e) *Spezialtopf zum Garen von Braten*

'Bra·ten·wen·der (m.; -s, -) *Küchengerät zum Wenden des Bratens*

'Brä·ter (m.; -s, -; landschaftl.) *ovaler, meist aus Gußeisen bestehender Topf zum Braten*

Bra·te·rei (f.; -, -en) *kleines Unternehmen, in dem etwas (zum sofortigen Verzehr) gebraten wird; Wurst* ~ , *Fisch* ~

'brat·fer·tig (Adj. 24) *fertig vorbereitet zum Braten; ein* ~ *es Hühnchen*

'Brat·fett (n.; -(e)s, -e) *zum Braten (von Fisch, Fleisch usw.) geeignetes Fett; dieses Fett eignet sich nicht als* ~

'Brat·fisch (m.; -(e)s, -e) 1 *gebratener Fisch* 2 *Fisch, der zum Braten geeignet ist*

'Brat·fo·lie ([-liə] f.; -, -n) *temperaturbeständige Folie zum Garen von Lebensmitteln im Backofen*

'Brat·hähn·chen (n.; -s, -) Sy *Brathendel* (oberdt.) 1 *gebratenes Hähnchen* 2 *Hähnchen zum Braten*

'Brat·hen·del (n.; -s, - od. -n; oberdt.) = *Brathähnchen*

'Brat·he·ring (m.; -s, -e) *gebratener Hering*

'Brat·huhn (n.; -(e)s, ⸚er) = *Backhuhn*

'Brat·hühn·chen (n.; -s, -) 1 *gebratenes junges Huhn* 2 *Hühnchen zum Braten*

'Brat·kar·tof·fel (f.; -, -n; meist Pl.) 1 (nur Pl.) *Gericht aus in Scheibchen od. Würfeln geschnittenen u. in Fett gerösteten (gekochten) Kartoffeln, meist als Beilage; es gibt heute zu Mittag Schnitzel mit* ~ n und Sa lat 2 *gebratenes Kartoffelscheibchen; ich habe mich an einer* ~ *verschluckt*

'Brat·kar·tof·fel·ver·hält·nis (n.; -s·ses, -s·se scherzh.; a. abwertend) 1 (urspr.) *Liebesverhältni bei dem das Mädchen für den Mann kochte u. ihm ge legentlich Eßwaren zusteckte* 2 (heute) *Zusammenl ben von Mann u. Frau, die nicht miteinander verheira*

18

et sind; ihr solltet euer ~ beenden und heiraten!
Brat·klops ⟨m.; -es, ⸚e; nordostdt.⟩ = Frikadelle
Brat·le·ber ⟨f.; -; unz.⟩ gebratene Leber als Gericht
Brat·ling ⟨m.; -s, -e⟩ gebratenes Klößchen aus Gemüse od. Kartoffeln
Brät·ling ⟨m.; -s, -e; Bot.⟩ eßbarer Pilz mit bräunlichgelbem Hut, vollem Stiel u. weißem Fleisch: Lactarius volemus
Brat·nie·re ⟨f.; nur Pl.⟩ ~n gebratene Nierenscheiben als Gericht
'Brat·ofen ⟨m.; -s, ⸚⟩ schließbarer Ofenraum zum Braten von Fleisch; Sy Bratröhre
'Brat·öl ⟨n.; -(e)s, -e⟩ = Backöl
'Brat·pfan·ne ⟨f.; -, -n⟩ Pfanne zum Braten: eine gußeiserne, beschichtete ~; eine ~ für Spiegeleier
'Brat·röh·re ⟨f.; -, -n⟩ = Bratofen
'Brat·rost ⟨m.; -(e)s, -e⟩ Rost, auf den Fleischstücke, Würste, Kartoffeln o. ä. gelegt werden, um sie über offenem Feuer zu braten; Sy Grill(2)
'Brat·sche ⟨f.; -, -n; Instrumentenk.⟩ das Alt-Instrument im Streichquartett; Sy Viola(1), Altgeige [verkürzt < Bratschgeige, übersetzt < ital. viola da braccio „Armgeige"; verwandt mit brachial, Brasse, Brasselett, Brezel]

'brat·schen ⟨V. 400⟩ die Bratsche spielen
Brat·schen·schlüs·sel ⟨m.; -s, -; Mus.⟩ = Altschlüssel
'Brat·schen·spie·ler ⟨m.; -s, -⟩ jmd., der Bratsche spielt; Sy Bratschist, Bratscher (umg.)
'Brat·schen·spie·le·rin ⟨f.; -, -n·nen⟩ weibl. Bratschenspieler; Sy Bratschistin
'Brat·scher ⟨m.; -s, -; umg.⟩ = Bratschenspieler
Brat·schist ⟨m.; -en, -en⟩ = Bratschenspieler
Brat·schi·stin ⟨f.; -, -n·nen⟩ = Bratschenspielerin
'Brat·schmalz ⟨n.; -es; unz.⟩ zum Braten geeignetes Schmalz
'Brat·spieß ⟨m.; -es, -e⟩ drehbarer Spieß zum Braten von Fleisch über dem offenen Feuer
'Brat·spill ⟨n.; -(e)s, -e; Mar.⟩ Ankerwinde mit waagerechter Welle [nach der Ähnlichkeit mit einem Bratspieß]
brätst ⟨2. Sg. Ind. Präs. von⟩ braten
'Brat·wurst ⟨f.; -, ⸚e⟩ **1** zum Braten bestimmte Wurst aus feingemahlenem, rohem Schweinefleisch u. Gewürzen **1.1** Masse der Bratwurst(1) als Brotbelag: ~ in der Dose **2** gebratene Wurst: ich bestellte mir eine ~ mit Senf [< ahd., mhd. bratwurst, eigtl. „Wurst aus Fleisch"; → Braten]

---

dämpfen   (vgl. dünsten)
Man läßt Kartoffeln, Gemüse, Fisch in heißem Wasserdampf (oft in einem Sieb oder Drahtkorb) gar werden.
Aus einem Rezept: Kartoffeln schälen, in Stücke schneiden, mit wenig Wasser (Salzwasser) dämpfen. Nach dem Abgießen gut schütteln und etwas nachdämpfen.

dünsten   (vgl. dämpfen)
Man läßt z.B. Gemüse (aber auch Fleisch, Fisch) mit wenig Flüssigkeit (Wasser, Brühe, dem eigenen Saft) und nur wenig Fett bei 100–104 Grad Celsius in einem geschlossenen Topf gar werden.
Salzkartoffeln (gekochte Kartoffeln mit Petersilie und heißer Butter) sind eine beliebte Beigabe zu gedünstetem Fisch.

ein·dicken   = reduzieren
Man macht Flüssigkeiten durch Kochen im offenen Topf dicker, dickflüssiger.
Manche Saucen muß man bis zur Hälfte eindicken.

ein·kochen
= ein·machen = ein·wecken
Man macht Fleisch, Gemüse, Obst durch Kochen und luftdichten Verschluß in Gläsern oder Dosen haltbar.
Ich erinnere mich noch gut daran, daß meine Mutter früher tagelang eingekocht hat. Heute friert man meistens ein, das ist viel einfacher.

ein·legen
= beizen = marinieren
Leicht verderbliche Lebensmittel werden in eine meist gewürzte Flüssigkeit gelegt und dadurch konserviert.
Eingelegte Heringe sind eine Delikatesse für Feinschmecker.

filieren
= filetieren
Man löst die Filets aus Fleisch, Fisch und Geflügel heraus.
In den Metzgereien wird das Geflügel auf Wunsch filiert.

flambieren
Manche Speisen werden mit einer angewärmten alkoholischen Flüssigkeit (Branntwein, Weinbrand, Aquavit, Rum, Kirschwasser) übergossen, dann angezündet. Die Speisen bekommen dadurch einen besonderen Geschmack.
In guten Restaurants gibt es immer einige Gerichte, die man vor den Augen der Gäste flambiert, weil das so schön aussieht.

fritieren
Fisch, Fleisch, Kartoffeln kann man in heißem Öl oder Fett schwimmend braten.
Fritierte Speisen haben immer eine goldgelbe Farbe.

garnieren
Man serviert Speisen mit schmückenden und würzenden Zutaten.
So kann man z.B. belegte Brötchen mit Petersilie garnieren.

glasieren
Manche Kuchen werden mit einem Zuckerguß überzogen, damit sie glänzend aussehen.
Glasierte Apfeltaschen sind eine Delikatesse.

gratinieren
Man gibt Butter, Sahne, Käse über ein Gericht und läßt es bei starker Oberhitze im Ofen gar werden.
Eine feuerfeste Schüssel zum Gratinieren von Speisen heißt Gratinschüssel.

grillen
Ein Stück Fleisch (Rindersteaks, Lammkoteletts, Bratwürstchen, ein Hähnchen) wird entweder auf einen Rost gelegt oder auf einen dreh-

baren Spieß gesteckt und durch die trockene Hitze eines Feuers bei ca. 300–350 Grad Celsius gegart und gleichzeitig gebräunt.
Sollen wir das Hähnchen grillen oder braten?
In diesem Restaurant werden die Steaks am Tisch gegrillt.

kochen

(1) Das ist ein ganz allgemeines Wort für die Zubereitung von Speisen, Gerichten.
Meine Frau kocht gern und gut.
Ursula kann noch nicht kochen, sie muß es erst noch lernen.
Jeden Tag zu kochen ist wirklich kein Vergnügen.
Ich koche selbst.

(2) Man bringt Flüssigkeiten (Wasser, Milch, Suppen) durch Hitze bei etwa 104 Grad Celsius zum Sieden.
Das Wasser kocht, du kannst die Platte abstellen.
Du kannst die Suppe doch nicht eine Stunde kochen lassen, sie wird dann viel zu dick.

(3) Man schüttet oder legt etwas (Kartoffeln, Gemüse, Eier, Fleisch) in viel Flüssigkeit (meist Wasser) und läßt es garen.
Das Gemüse muß zwanzig Minuten kochen, bis es gar ist.
Die Kartoffeln kochen schon.
Mein Frühstücksei muß drei Minuten kochen, dann ist es so, wie ich es haben möchte.

legieren

= an·dicken = binden = ein·brennen

mahlen

Man zerkleinert oder zerreibt z.B. Kaffee, Getreide, Pfeffer, Muskatnüsse zu Pulver oder zu feinen Körnern.
Frisch gemahlener Kaffee hat das beste Aroma.

marinieren

= beizen = ein·legen

panieren

Fleisch oder Fisch wird zuerst in eine Flüssigkeit z.B. aus Ei, Milch, zerlassener Butter getaucht und dann in Mehl oder geriebenem Weißbrot (= Paniermehl) gewendet.
Das berühmte Wiener Schnitzel wird gesalzen, gepfeffert und mit Mehl, Ei und geriebenen Semmeln paniert.

pürieren

Speisen werden zu Püree (Brei, Mus) verarbeitet, indem man sie entweder zerstampft (Kartoffelpüree) oder durch ein Sieb drückt (passiert).

Heute braucht man nicht mehr mit der Hand zu pürieren, eine Küchenmaschine hilft auch hier.

putzen
Man säubert und reinigt Gemüse oder Salat und entfernt schlechte Teile.
Bei Salat, der in Treibhäusern gezogen wird, ist das Putzen viel einfacher.

quellen
Getrocknete Hülsenfruchte (Erbsen, Linsen, Bohnen) oder getrocknetes Obst nehmen wieder Flüssigkeit auf und werden dann wieder größer und weich, wenn man sie in Wasser legt.
Die Erbsen soll man vor dem Kochen quellen lassen.

raspeln
Äpfel, Möhren, Schokolade werden mit einer Raspel in kleine, flache Stückchen zerkleinert.
Für Möhrensalat braucht man geraspelte rohe Möhren oder Karotten.

rösten
(1) Ohne Zugabe von Fett oder Wasser wird etwas auf dem Rost durch Erhitzen gebräunt.
Früher rösteten wir uns unsere Kastanien selbst.
(2) Man läßt z.B. Fleisch oder Zwiebeln in heißem Fett (180-200 Grad Celsius) anbraten und bräunen.
Geröstete Zwiebeln gehören in die Mehlschwitze.

schlagen
= auf·schlagen
Bei Sahne und Eiweiß wird mit dem Schneebesen Luft unter die Flüssigkeit gerührt, und die Flüssigkeit wird eine schaumige Masse.
Wenn man gekühlte frische Sahne zu Schaum schlägt, dann hat man Schlagsahne.

schmelzen
Feste Stoffe, wie z.B. Butter, Eis, Schokolade, Gelatine werden durch Wärme oder Hitze flüssig gemacht.
Aus einem Rezept: die geschmolzene Schokolade unter den Teig rühren.

schmoren
Fleisch wird in stark erhitztem Fett angebraten und kurz geröstet, dann gibt man Flüssigkeit oder eine gebundene Soße hinzu und läßt das Fleisch im geschlossenen Topf garen.

Aus einem Rezept: Fleisch auf kleiner Flamme weich schmoren, zwischendurch öfters heißes Wasser nachgießen.

spicken   Vor dem Braten wird mageres Fleisch, Wild, Geflügel mit schmalen Speckstreifen durchzogen, damit das Fleisch nicht austrocknet.
Aus einem Rezept für Rehrücken: Speck in dünne Scheiben oder Stifte schneiden und das Fleisch damit umwickeln oder spicken.

tranchieren   = zerlegen
Gebratenes Fleisch wird fachgerecht in kleine Stücke oder Scheiben zerlegt.
Zum Tranchieren braucht man ein Tranchierbrett, eine Tranchiergabel und ein Tranchiermesser.

über·kochen   Durch zu starkes Kochen läuft eine Flüssigkeit über den Rand des Topfes.
Paß auf, die Milch kocht über!

Wer noch mehr küchentechnische Aktivitäten kennenlernen möchte, kann folgende Wörter in verschiedenen Wörterbüchern nachschlagen:
ab·backen / ab·dämpfen / ab·flämmen / ab·löschen / ab·schäumen / ab·sengen / ab·wällen / ab·ziehen / an·schwitzen / auf·schlagen / aus·backen / aus·nehmen / aus·pressen / aus·rollen / aus·stechen
bardieren / blind·backen
dekorieren / durch·drehen / durch·seihen
ein·brennen / ein·frieren / entfetten
farcieren
gar·ziehen
kandieren / karamelisieren / klären / köcheln / konservieren
mehlieren
nappieren
parfümieren / passieren / pellen./ pökeln / pochieren
räuchern / reduzieren
sautieren / schmälzen / schwenken / schwingen / schwitzen / sieden
überbacken / überbrühen / überflammen / übergießen / überglänzen / überkrusten
vanillieren
ziehen

(Quelle: dtv Küchen-Lexikon. Dort findet man noch 62 weitere küchentechnische Aktivitäten.)

1. Etwas Gemüse oder Fleisch in Flüssig-keit kurz zum Sieden bringen (100° C), damit es sich länger hält.

   a) anbraten ☐
   b) abschrecken ☐
   c) abkochen ☐

2. Etwas Gekochtes noch einmal kurz kochen lassen.

   a) überkochen ☐
   b) aufwärmen ☐
   c) dünsten ☐

3. Etwas haltbar machen, indem man es kocht und luftdicht verschließt.

   a) einkochen ☐
   b) schmoren ☐
   c) backen ☐

4. Fleisch erst anbraten, dann rösten und dann in Flüssigkeit im geschlossenen Topf garen.

   a) backen ☐
   b) schmoren ☐
   c) dämpfen ☐

5. Zwiebeln in Fett braun werden lassen.

   a) rösten ☐
   b) anbraten ☐
   c) braten ☐

6. Fleisch in offener Pfanne mit wenig heißem Fett garen.

   a) grillen ☐
   b) braten ☐
   c) anbraten ☐

7. Fleisch an einen Spieß stecken und durch die trockene Hitze eines Feuers garen.

   a) braten ☐
   b) grillen ☐
   c) schmoren ☐

8. Teig im geschlossenen Ofen in heißer, trockener Luft garen.

   a) kochen ☐
   b) dämpfen ☐
   c) backen ☐

9. Fleisch noch nicht garen, sondern nur etwas braun werden lassen.

   a) schmoren ☐
   a) anbraten ☐
   b) braten ☐

10. Geschlagene Eier in eine Suppe geben, damit sie dickflüssiger wird.

   a) legieren ☐
   b) abschrecken ☐
   c) einkochen ☐

1. Etwas in eigenem Saft mit wenig Fett in geschlossenem Topf garen.

   a) dünsten ☐
   b) backen ☐
   c) binden ☐

2. Suppen und Soßen dickflüssiger machen.

   a) einkochen ☐
   b) binden ☐
   c) aufkochen ☐

3. Etwas nach dem Kochen kurz mit kaltem Wasser übergießen.

   a) dämpfen ☐
   b) überkochen ☐
   c) abschrecken ☐

4. Etwas in heißem Dampf gar werden lassen.

   a) dämpfen ☐
   b) aufkochen ☐
   c) abkochen ☐

5. Vor dem Servieren den Geschmack prüfen.

   a) abhängen ☐
   b) abschmecken ☐
   c) abstechen ☐

6. Die Speisen kleben am Boden und verkohlen.

   a) anbrennen ☐
   b) abbrennen ☐
   c) blanchieren ☐

7. Butter und / oder Speck schmelzen lassen, um flüssiges Fett zu gewinnen.

   a) ausbeinen ☐
   b) blanchieren ☐
   c) auslassen ☐

8. Fleisch oder Fisch in eine Marinade legen.

   a) marinieren ☐
   b) gratinieren ☐
   c) beizen ☐

9. Lebensmittel in eine gewürzte Flüssigkeit legen und dadurch konservieren.

   a) marinieren ☐
   b) einlegen ☐
   c) einkochen ☐

10. Speisen mit Alkohol übergießen und anzünden.

   a) filieren ☐
   b) fritieren ☐
   c) flambieren ☐

1. Fleisch, Fisch, Kartoffeln in heißem
   Fett schwimmend braten.

   a) gratinieren ☐
   b) filieren   ☐
   c) fritieren   ☐

2. Käse über ein Gericht geben und mit
   starker Oberhitze im Ofen garen.

   a) grillen   ☐
   b) garnieren   ☐
   c) gratinieren ☐

3. Getreide, Kaffee, Pfeffer zu kleinen
   Körnern oder Pulver zerkleinern.

   a) auslassen   ☐
   b) abstechen   ☐
   c) mahlen   ☐

4. Fleisch oder Fisch in eine Flüssigkeit
   aus Ei, Milch und Butter tauchen und
   dann in Mehl oder geriebenem Brot
   wenden.

   a) legieren   ☐
   b) panieren   ☐
   c) putzen   ☐

5. Gemüse oder Salat säubern und reini-
   gen.

   a) garnieren   ☐
   b) putzen   ☐
   c) blanchieren ☐

6. Getrocknete Hülsenfrüchte oder getrocknetes Obst in Wasser legen.

   a) quellen   ☐
   b) purieren   ☐
   c) panieren   ☐

7. Äpfel oder Möhren in kleine, flache
   Stückchen zerkleinern.

   a) mahlen   ☐
   b) raspeln   ☐
   c) spicken   ☐

8. Butter oder Schokolade flüssig
   machen.

   a) auslassen   ☐
   b) schmelzen   ☐
   c) schlagen   ☐

9. Fleisch, Wild oder Geflügel mit
   schmalen Speckstreifen durchziehen.

   a) spicken   ☐
   b) schmoren   ☐
   c) filetieren   ☐

10. Gebratenes Fleisch fachgerecht in
    kleine Stücke zerlegen.

    a) filetieren ☐
    b) filieren   ☐
    c) tranchieren ☐

Übung 4: Setzen Sie das richtige Wort ein.

1. Meine Frau bereitet immer das Essen zu. Sie _____ jeden Tag.

2. Die Suppe ist schon fertig, ich lasse sie nur noch einmal kurz _____.

3. Bei diesen hohen Preisen für Obst und Gemüse überlegen sich viele Hausfrauen, ob sie – wie früher ihre Mütter – im Sommer und Herbst einige Tage mit

   _____ verbringen sollten.

4. Wenn du ein weiches Ei willst, dann darfst du es nur drei Minuten

   _____ lassen.

5. Wie kommt es eigentlich, daß Milch immer so schnell _____?

6. Wenn du nicht willst, daß die Nudeln nach dem Kochen zusammenkleben, mußt

   du sie sofort _____.

7. Eine gut _____ Gans ist eine gute Gabe Gottes.

8. In diesem Restaurant werden die Steaks am Tisch _____.

9. Viele deutsche Hausfrauen _____ ihren Kuchen immer selbst.

10. Die Soße ist zu klar und dünnflüssig, du mußt sie _____, damit sie dicker wird.

Übung 5: Setzen Sie das richtige Wort ein.

1. Selbst wenn man genau dem Rezept folgt, muß man zum Schluß immer noch

   _____, um den Geschmack zu prüfen.

2. _____ Butter schmeckt gut zu Hummer.

3. Manche Soßen muß man zur Hälfte _____.

4. In guten Restaurants gibt es immer einige Gerichte, die man vor den Augen der Gäste

   _____, weil das so schön aussieht.

5. Das berühmte Wiener Schnitzel wird gesalzen, gepfeffert und mit Mehl, Ei und geriebenen Semmeln

   _____.

6. Wenn man gekühlte frische Sahne zu Schaum _____, dann hat man Schlagsahne.

7. Aus einem Rezept für Rehrücken: Speck in dünne Scheiben oder Streifen schneiden und das Fleisch damit umwickeln oder

   _____.

8. Wenn man _____ Speisen wenigstens zum Teil noch retten möchte, muß man sie sofort in ein neues Gefäß schütten.

9. Eine feuerfeste Schüssel zum _____ von Speisen heißt Gratinschüssel.

10. Frisch _____ Kaffee hat das beste Aroma.

11. Die getrockneten Erbsen soll man vor dem Kochen _____ lassen.

12. _____ Heringe schmecken besonders gut.

Drittes Kapitel

Fleisch und Fisch

A. Fleisch vom Schwein (Schweinefleisch)

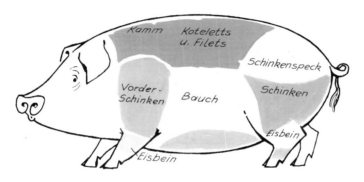

s Schwein, -e

Schweinefleischsorten – bekannte Gerichte – Spezialitäten

s Eisbein mit Sauerkraut; s Kasseler; r Kasseler Rippenspeer; Linsen *(Plural)* mit
Speck; r Parmaschinken; r Schwarzwälder Schinken; r Schinken, - (gekocht, roh,
geräuchert); r Schweinebauch; r Schweinebraten; e Schweinesülze; s Schweinsfilet, -s;
e Schweinshaxe, -n; r Schweinskopf, ¨e; s Schweinekotelett, -s; e Schweineleber;
s Schweinsschnitzel, -; r Spargel mit Buttersauce und gekochtem Schinken; r Speck;
r Westfälische Schinken

B. Fleisch vom Rind (Rindfleisch)

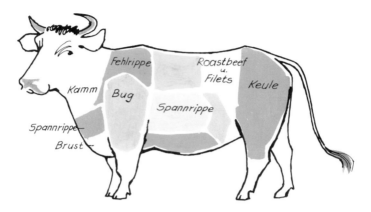

Fehlrippe
Roastbeef u. Filets
Keule
Kamm
Bug
Spannrippe
Spannrippe
Brust

s Rind, -er; r Ochse, -n; r Mastochse

Rindfleischsorten – bekannte Gerichte – Spezialitäten

s Chateaubriand; s Filet, -s; s Filet mignon; Filetspitzen *(Plural)* Stroganoff; s Gulasch;
e Ochsenschwanzsuppe; s Pfeffersteak, -s; r Rheinische Sauerbraten; s Rindfleisch;
s Rinderfilet, -s; s Roastbeef; s Steak, -s (Beefsteak, Filetsteak, Hacksteak, Rumpsteak,
T-Bone Steak); s Szegediner Gulasch

Garstufen bei Steaks

blau

raw — bleu
Bei starker Hitze beide Seiten kurz braten. Das Fleisch hat eine dünne braune Kruste und ist innen fast roh.

blutig

rare — saignant
Bei starker Hitze beide Seiten braten. Das Fleisch hat eine dickere braune Kruste und ist innen rosa mit einem fast rohen Kern.

rosa

rare medium — à point (anglais)
Bei mittlerer Hitze beide Seiten etwas länger braten. Das Fleisch hat innen eine durchgehend rosa Farbe.

halb durchgebraten

medium — demi-anglais
Bei mittlerer Hitze beide Seiten braten. Das Fleisch hat nur noch einen rosa Kern.

durchgebraten

well done — bien cuit
Beide Seiten braten, bis das Fleisch gar und völlig durchgebraten ist.

C. Fleisch vom Kalb (Kalbfleisch)

s Kalb, ⸚er

Kalbfleischsorten – bekannte Gerichte – Spezialitäten

r Kalbsbraten, -; e Kalbsbrust; s Kalbsfilet, -s; s Kalbsfrikassee; e Kalbshaxe; e Kalbs-
keule, -n; s Kalbskotelett, -s; e Kalbsleber Berliner Art; Kalbsmedaillons *(Plural)*;
Kalbsnieren *(Plural)*; r Kalbsrücken; s Wiener Schnitzel; s Zigeunerschnitzel; s Zürcher
Geschnetzelte

D. Fleisch vom Hammel und vom Lamm (Hammelfleisch, Lammfleisch)

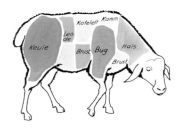

r Hammel, -; s Lamm, ⸚er

Hammelfleischsorten – bekannte Gerichte – Spezialitäten

r / s Hammelcurry; s Hammelfilet, -s; e Hammelkeule, -n; s Hammelkotelett, -s; Ham-
melnieren *(Plural)*; s Hammelragout; r Hammelrücken; s Hammelsteak; -s; s Irish
Stew; e Lammbrust; s Lammfrikassee; s Lammragout; r Lammrücken

E. Geflügel

Wildgeflügel (Federwild)

r Fasan, -e
s Rebhuhn, ¨er
e Schnepfe, -n
e Wachtel, -n
e Wildente, -n

Hausgeflügel

e Ente, -n
e Gans, ¨e
s Hähnchen, -
s Huhn, ¨er
e Taube, -n
r Truthahn, ¨e (=r Puter, -)

Geflügelfleischsorten – bekannte Gerichte – Spezialitäten

(Auswahl nur von Huhn und Hähnchen)

s Brathähnchen, -; s Geflügelklein; r / s Huhncurry; e Hühnerbrühe; s Hühnerfrikasse;
r Hühnersalat; r Kapaun, -e; s Masthuhn, ¨er; e Poularde, -n; s Stubenküken; s Wiener
Backhendl, -

F. Wild

s Wild; s Wildfleisch; s Wildbret

(Nur Auswahl)
r Elch, -e
r Frischling, -e
r Hase, -n
r Hirsch, -e

s Kaninchen, -n
s Reh, -e
s Wildschwein, -e

Wildfleischsorten – bekannte Gerichte – Spezialitäten

e Hasenkeule, -n; s Hasenklein; r Hasenpfeffer; r Hasenrücken, -; r Hirschrücken;
e Hirschkeule; s Hirschsteak; r Kaninchenbraten; e Rehkeule mit Pfifferlingen; Reh-
medaillons *(Plural)*; Rehnüßchen *(Plural)*; r Rehrücken; r Wildschweinrücken

G. Fisch, Krebstiere, Schalentiere

Fluß- und Meeresfische:

r Aal, -e; r Dorsch, -e; e Flunder, -n; e Forelle, -n; r Heilbutt; r Hering, -e; r Hecht, -e;
r Kabeljau, -s; r Karpfen, -; r Lachs, -e; e Makrele, -n; r Rotbarsch, -e; e Sardelle, -n;
r Schellfisch, -e; e Scholle, -n; e Seezunge, -n; e Sprotte, -n; r Steinbutt

Krebstiere (Krustentiere):

r Flußkrebs, -e; e Garnele, -n; r Hummer, -; e Krabbe, -n; r Krebs, -e; e Languste, -n

Schalentiere:

e Auster, -n; e Muschel, -n; e Seemuschel, -n

Fischsorten – bekannte Gerichte – Spezialitäten

(Nur vom Hering)
Bismarckhering; Brathering; Bückling; eingelegte Heringe; geräucherter Hering; grüne
Heringe; Heringsmilch (Milchner); Heringsrogen; Heringssalat; Rollmops; Salzhering;
Sardinen

a) Woher kommt was?

Aus Kassel kommt _____

Aus Parma kommt _____

Aus dem Schwarzwald kommt _____

Aus Westfalen kommt _____

b) Wie heißt das Gericht?

Eisbein _____

Linsen _____

Spargel mit Buttersauce und _____

c) Schinken gibt es in drei Arten: 1. _____

2. _____

3. _____

Übung 2: Rindfleisch

a) Aus dem Rheinland kommt der _____

Aus Szegedin in Ungarn kommt der _____

b) Ergänzen Sie!

Filet _____

Filetspitzen _____

Ochsenschwanz _____

c) Nennen Sie einige Steaks!

_____

_____

_____

Übung 3: Kalbfleisch

a) Aus Wien kommt das _____

   In Zürich gibt es _____

   In Berlin kennt man _____

b) Nennen Sie einige Kalbfleischsorten!

_____

_____

Übung 4: Hammelfleisch

   Nennen Sie einige Hammel- und Lammfleischsorten!

_____

_____

Übung 5: Geflügel

a) Nennen Sie drei Hausgeflügel!

_____

b) Nennen Sie drei Wildgeflügel!

_____

c) Ergänzen Sie!

Brat _____   Geflügel_____   Hühner _____

Mast _____   Stuben_____   Wiener_____

Übung 6: Wild

Nennen Sie einige Wildgerichte!

_____klein   _____pfeffer   _____medaillons

_____nüßchen   _____keule   _____rücken

Übung 7: Fisch, Krebstiere, Schalentiere

Nennen Sie einige
Fische   Krebstiere   Schalentiere

_____

_____

_____

Viertes Kapitel

Gewürze – Kräuter – Obst – Gemüse

Eine Übersicht in 4 Tabellen

A. Die wichtigsten Gewürze

s Gewürz, -e

		Englisch	Französisch	Ihre Sprache
r	Anis	anise	anis	_____
r	Cayennepfeffer	cayenne pepper	poivre de Cayenne	_____
r / s	Curry	curry	curry	_____
e	Gewürznelke, -n	clove	clou de girofle	_____
r	Ingwer	ginger	gingembre	_____
e	Kaper, -n	capers	câpres	_____
r / s	Kardamon	cardamom	cardamome	_____
r	Koriander	coriander	coriandre	_____
r	Kümmel	caraway	cumin	_____
r	Safran	saffron	safran	_____
s	Lorbeerblatt, ¨er	bay laurel	laurier	_____
e	Muskatblüte	mace	macis	_____
e	Muskatnuß	nutmeg	noix de muscade	_____
r	Paprika	pod pepper	paprika	_____
		sweet bell pepper		_____

r	Pfeffer weiß / schwarz	white pepper / black pepper	poivre blanc / noir	_____
r / s	Piment / Nelkenpfeffer	allspice / Jamaica pepper	piment / poivre de la Jamaïque	_____ _____
s	Salz	salt	sel	_____
s	Senfkorn, ⁻er	mustard seed	grain de moutarde	_____
e	Vanille	vanilla	vanille	_____
e	Wacholderbeere	juniper	genièvre	_____
r	Zimt	cinnamon	cannelle	_____

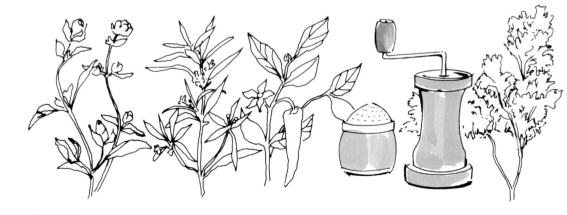

B. Die wichtigsten Küchenkräuter

s Kraut, ¨er

		Englisch	Französisch	Ihre Sprache
s	Basilikum	basil / sweet basil	basilic	_____
e	Bibernelle / Pimpinelle	pimpernel	pimprenelle	_____
s	Bohnenkraut	summer savory	sarriette	_____
r	Borretsch / Gurkenkraut	borage / beebread	bourrache	_____
r	Dill	dill	aneth	_____
r	Estragon	tarragon	estragon	_____
r	Kerbel / Suppenkraut	chervil	cerfeuil	_____
r	Knoblauch	garlic	ail	_____
r / s	Liebstöckel / Maggikraut	lovage / love parsley	liveche / ache de montagne	_____
r	Majoran / Wurstkraut	sweet marjoram	marjolaine	_____
r	Meerrettich	horse-radish	raifort	_____
e	Petersilie	parsley	persil	_____
e	Pfefferminze	peppermint / brandy mint	menthe	_____
r	Rosmarin	rosemary	romarin	_____
r	Salbei	sage	sauge	_____
r	Schnittlauch	chives	ciboulette	_____
r	Thymian	thyme	thym	_____
r	Waldmeister / Maikraut	woodruff / woodrowel	aspérule odorante	_____

C. Die wichtigsten Obstsorten

s   Obst *(kein Plural)*

	Englisch	Französisch	Ihre Sprache
Kernobst			
r Apfel, ¨	apple	pomme	_____
e Birne, -n	pear	poire	_____
e Quitte, -n	quince	coing	_____
Steinobst			
e Aprikose, -n	apricot	abricot	_____
e Kirsche, -n	cherry	cerise	_____
r Pfirsich, -e	peach	pèche	_____
e Pflaume, -n	plum	prune	_____
Beerenobst			
e Brombeere, -n	blackberry / bramble	mûre	_____.
e Erdbeere, -n	strawberry	fraise	_____
e Heidelbeere, -n	bilberry / blueberry	myrtille	_____.
e Himbeere, -n	raspberry	framboise	_____
e Johannisbeere, -n	red currant	groseille	_____
e Preiselbeere, -n	cranberry	airelle rouge	_____
e Stachelbeere, -n	gooseberry	groseille à maquereau	_____
e Weintraube, -n	grape	raisin	_____
Schalenobst			
e Haselnuß, -nüsse	hazelnut	noisette	_____
e Mandel, -n	almond	amande	_____
e Marone, -n	sweet chestnut	marron	_____
e Walnuß, -nüsse	walnut	noix	_____

	Englisch	Französisch	Ihre Sprache
Südfrüchte / **Exotische Früchte**			
e Ananas	pineapple	ananas	_____
e Apfelsine, -n	orange	orange	_____
e Banane, -n	banana	banane	_____
e Dattel, -n	date	datte	_____
e Feige, -n	fig	figue	_____
r Granatapfel	pomegranate	grenade	_____
e Kiwi / Kiwifrucht	kiwi / chinese gooseberry	kiwi	
e Limone	lime	limon	_____
e Mango, -s	mango	mangue	_____
e Zitrone, -n	lemon	citron	_____

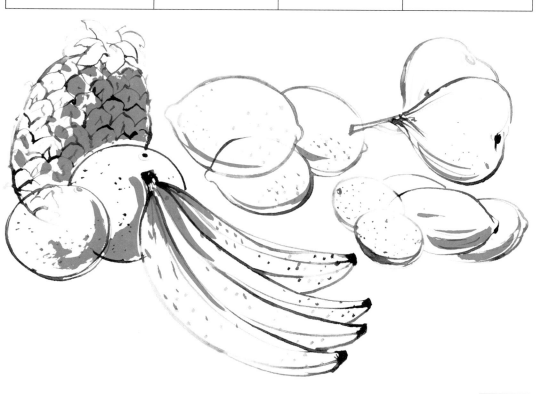

D. Die wichtigsten Gemüse- und Pilzsorten

s Gemüse (kein Plural)
r Pilz, -e

Blattgemüse
- e Brunnenkresse
- e Chicoree
- e Endivie, -n
- r Feldsalat
- r Kopfsalat
- r Mangold
- r Schnittsalat
- r Spinat

Fruchtgemüse
- e Aubergine, -n
- e Gurke, -n
- r Kürbis, -se
- r Mais
- e Melone, -n
- e Paprikaschote, -n
- e Tomate, -n
- e Zucchini

Hülsenfrüchte
- e Erbse, -n
- e Linse, -n
- e Bohne, -n

Kohlgemüse
- r Blumenkohl
- r Broccoli
- r Grünkohl
- r Kohlrabi
- r Rosenkohl
- r Rotkohl /
- s Blaukraut
- r Weißkohl
- r Wirsing

Pilze
- r Champignon, -s
- r Pfifferling, -e
- r Steinpilz, -e
- e Trüffel, -n

Wurzel- und Knollengemüse
- e Karotte, -n
- e Kartoffel, -n
- r Knollensellerie
- e Möhre, -n
- r Meerrettich

- r Rettich, -e
- e rote Beete
- e Rübe, -n
- e Schwarzwurzel, -n

Zwiebel- und Lauchgemüse
- r Knoblauch
- r Lauch, -e
- r Porree
- e Schalotte, -n
- e Zwiebel, -n

Stengel- und Sprossengemüse
- r Fenchel
- r Rhabarber
- r Spargel, -n

Übung 1: Gewürze:

a) Ein Freund oder eine Freundin zeigt Ihnen verschiedene Gewürze, und Sie müssen sie identifizieren.
b) Ein Freund oder eine Freundin läßt Sie Gewürze riechen, ohne daß Sie sie sehen, und Sie müssen sie am Geruch erkennen und benennen.

Übung 2: Küchenkräuter:

a) Man zeigt Ihnen Küchenkräuter, und Sie müssen sie identifizieren.
b) Konsultieren Sie verschiedene Fachlexika und Kochbücher und finden Sie heraus, zu welchen Speisen welche Küchenkräuter verwendet werden!

Übung 3: Obst:

a) Gehen Sie mit Freunden oder Freundinnen zum Markt und identifizieren Sie alle Obstsorten, die dort angeboten werden!
b) Übersetzen Sie alle Obstsorten von Ihrer Muttersprache ins Deutsche!

Übung 4: Gemüse und Pilze:

a) Übersetzen Sie die wichtigsten Gemüse- und Pilzsorten in Ihre Muttersprache!
b) Gehen Sie zum Markt und identifizieren Sie alle Gemüsesorten, die dort angeboten werden!

Fünftes Kapitel

Einige ausführliche Kochrezepte

A. Salzburger Nockerln

Die Zutaten

40 g Butter
50 g Puderzucker
25 g Mehl
5 Eier

und dann noch zum Backen

50 g Butter
4 Eßlöffel Sahne

und dann bei Tisch

etwas Puderzucker
etwas Vanillezucker (nicht unbedingt nötig)

Die Zubereitung:

1. Man nimmt die fünf Eier und trennt das Eigelb vom Eiweiß.
2. Die Butter, der Puderzucker und das Eigelb werden in 20 bis 30 Minuten schaumig gerührt (mit dem Mixer geht es natürlich schneller).
3. Den Backofen vorheizen.
4. Das Eiweiß wird steif geschlagen.
5. Das Mehl und das steif geschlagene Eiweiß werden langsam zu der Butter-Puderzucker-Eigelb-Mischung gegeben und umgerührt.

6. Man nimmt eine Form (eine feuerfeste Porzellanschüssel oder eine Kuchenform) und erhitzt darin die Butter und die Sahne.

7. Man schüttet die schaumige Masse (6.) in die Form und läßt alles bei starker Hitze im vorgeheizten Ofen backen, bis es goldgelb ist. (Man kann alles auch in einer Pfanne wie ein Omelett machen.)

8. Sofort zum Tisch bringen und mit einer Gabel kleine Stücke, die „Nockerln", abreißen oder abstechen und mit Puderzeucker und Vanillezucker bestreuen.

9. Essen und genießen!

(Es gibt ein Lied, in dem es heißt: „Salzburger Nockerln: Zart wie die Liebe und süß wie ein Kuß".)

Übung 1: Ergänzen Sie die Sätze.

1. Man nimmt die fünf Eier und _____ das Eigelb von

   dem Eiweiß.

2. Die Butter, der Puderzucker und das Eigelb werden

   schaumig _____.

3. Der Backofen wird _____.

4. Das Eiweiß wird steif _____.

5. Man gibt das Mehl und das Eiweiß _____ der Mischung und

6. rührt alles langsam _____.

7. Man _____ die schaumige Masse in die Form.

8. Man läßt alles _____ starker Hitze backen.

9. Mit einer Gabel _____ man kleine Stücke _____.

Übung 2: Wie heißen die Wörter?

1. Zucker, der nicht grob, sondern ganz fein ist, heißt _____,

2. Etwas, das wie Schaum ist, sieht _____ aus.

3. Wenn man will, daß der Backofen heiß ist, sobald man mit der Zubereitung fertig ist, dann muß man ihn _____.

4. Rohes Eiweiß ist flüssig; wenn man es schlägt, wird es

_____.

5. Eine Porzellanschüssel, in der man backen kann, ist

_____.

6. Man läßt die Butter und die Sahne heiß werden, d.h. man

_____ sie.

7. Wenn man etwas in einem sehr heißen Ofen backt, dann backt man es bei starker

_____.

8. Wenn man die „Nockerln" abgerissen oder abgestochen hat, schüttet man etwas Vanillezucker darüber, man _____ die Nockerln.

Übung 3:   Antworten Sie und zeigen Sie, daß Sie das Rezept gut kennen.

1. Was macht man mit den fünf Eiern? _____.

2. Was macht man mit der Butter, dem Puderzucker und dem Eigelb?

_____.

3. Was macht man mit dem Backofen? _____.

4. Was macht man mit dem Eiweiß? _____.

5. Wozu braucht man die Form? _____.

6. Wie lange läßt man alles backen? _____.

7. Was macht man, wenn alles fertig gebacken ist? _____.

8. Und was tut man ganz zum Schluß? _____.

Übung 4:   Schreiben Sie das Rezept auswendig auf.

_____

Übung 5: Vergleichen Sie die beiden Texte!

Salzburger Nockerln, österreichische Mehlspeise: 40 g Butter mit 80 g Puderzucker, 1 Päckchen Vanillezucker und 2 Tl. Stärkemehl schaumig rühren, 4 Eigelb hinzufügen, 4 steifgeschlagene Eiweiß unter die Masse ziehen, in vier Portionen teilen, in Butter von beiden Seiten goldbraun backen, mit Puderzucker bestäuben und schnell auftragen. – Die Salzburger Nockerln, von denen es zahlreiche recht unterschiedliche Rezepte gibt, erfreuten bereits den Salzburger Erzbischof Wolfdietrich von Raitenau (1559 bis 1617) und gelten auch heute noch als die feinste aller Mehlspeisen.

dtv Küchen-Lexikon, S. 432

Salzburger Nockerl (österr.): Beliebte Mehlspeise mit zahlreichen Rezepten auf der Basis von Eierschnee, Zucker, Eigelb, Mehl, z.T. erst auf dem Herd gebacken, dann im Ofen goldbraun überkrustet. Die Nockerl müssen luftig und unter der Kruste cremig weich sein. Mit Puderzucker bestäubt sofort servieren.

Heyne Küchenlexikon, S. 531

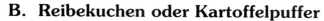

B. Reibekuchen oder Kartoffelpuffer

(Reibekuchen sagt man in Westfalen.)

Die Zutaten:

1 kg rohe Kartoffeln
1 Zwiebel
2 Eier
50 g Mehl (oder Grieß)
Salz
Backfett oder Backöl

bei Tisch

Apfelkompott

Die Zubereitung:

1. Die rohen Kartoffeln werden geschält und gewaschen und dann grob gerieben (mit einer Reibe oder Raspel).

2. Jetzt wird die Zwiebel geschält und ebenfalls gerieben.

3. Alle Zutaten (die Eier, die geriebene Zwiebel, das Mehl und genügend Salz) werden unter den rohen Kartoffelbrei gemischt und zu einem Teig verrührt.

4. In einer Pfanne läßt man reichlich Fett oder Öl siedend heiß werden.

5. Mit einem Löffel gibt man den Teig in die heiße Pfanne und macht etwa 3 bis 4 flache Plätzchen.

6. Wenn die Reibekuchen auf der unteren Seite goldgelb gebacken sind, dreht man sie um und läßt sie auch dort goldgelb werden.

7. Man gibt die Reibekuchen sofort, wenn sie noch heiß sind, zu Tisch und serviert dazu Apfelkompott.

8. Guten Appetit!

(Bei größeren Mengen bitte zählen, wer die meisten ißt. In vielen Familien gibt es erstaunliche Rekorde.)

1. Die _____ Kartoffeln werden gewaschen und geschält und

   dann grob _____.

2. Alle Zutaten werden unter den rohen Kartoffelbrei _____

   und _____ einem Teig verrührt.

3. In einer Pfanne läßt man Fett siedend _____ werden.

4. Mit einem Löffel _____ man den Teig in die heiße Pfanne

   und macht einige flache Plätzchen.

5. Wenn die Reibekuchen auf der unteren _____ goldgelb

   gebacken sind, _____ man sie um und läßt sie

   auch dort goldgelb _____.

6. Man gibt die Reibekuchen sofort, wenn sie noch _____

   sind, _____ Tisch und _____ dazu

   Apfelkompott.

1. Der Kartoffelbrei wird _____ einer Raspel grob gerieben.

2. Alle Zutaten werden _____ den Kartoffelbrei gemischt und _____ einem Teig ver-

   rührt.

3. Das Fett läßt man _____ einer Pfanne heiß werden. _____ einem Löffel gibt man

   den Teig _____ die heiße Pfanne.

4. Wenn die Reibekuchen _____ der unteren Seite goldgelb sind, dreht man sie um.

5. Man gibt die Reibekuchen sofort _____ Tisch und serviert da_____ Apfelkompott.

1. Alles, was man für ein Rezept braucht, sind die _____.

2. Kartoffeln, die nicht gekocht sind, sind _____.

3. Vieles, was nicht flüssig ist und auch nicht ganz fest, sondern sehr dickflüssig,

    nennt man _____.

4. Wenn man Zwiebeln _____, fängt man an zu weinen.

5. Ein Besteck besteht aus einem Messer, einer Gabel und einem

    _____.

6. Wenn ein Land nicht bergig ist, d.h. wenn es keine Hügel und Berge gibt, dann ist

    es _____.

7. Wenn man das Essen zu Tisch bringt und es den Gästen anbietet, dann

    _____ man es.

Übung 4: Zeigen Sie durch Ihre Antworten, daß Sie das Rezept gut kennen.

1. Was macht man mit den rohen Kartoffeln?

    _____

2. Was macht man mit der Zwiebel?

    _____

3. Was macht man mit den Zutaten und dem Kartoffelbrei?

    _____

4. Worin läßt man das Fett oder Öl siedend heiß werden?

    _____

5. Der Teig ist fertig, die Pfanne mit dem Fett ist heiß: Was tut man jetzt?

    _____

6. Die Reibekuchen sind auf der unteren Seite goldgelb gebacken. Was macht man jetzt mit ihnen?

_____

7. Wie serviert man Reibekuchen?

_____

8. Was serviert man dazu?

_____

Übung 5: Schreiben Sie das Rezept auswendig auf.

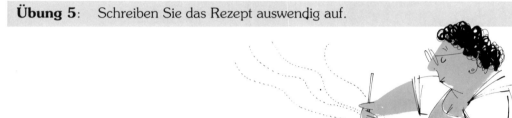

Übung 6: Vergleichen Sie die beiden Texte!

Kartoffelpuffer, Reiberdatschi (süddt.), **Lappenpickert** (westfäl.), **Reibekuchen, Rievkooche** (rhein.), **Puffer** (norddt.): In der Pfanne gebratene Fladen aus dem Teig von geriebenen Kartoffeln, Eiern, Mehl, geriebenen Zwiebeln. Sie werden mit Räucherlachs, mit Zwiebeln und Gewürzen angemachtem Tatar, rohes Eigelb obenauf, oder mit Kaviar serviert, in Süddeutschland oft zu Hasenbraten, Sauerkraut oder Spargel, im Rheinland mit Rübenkraut, in Norddeutschland mit Zucker bestreut zu Heidelbeeren oder Apfelmus gegessen.

Heyne Küchenlexikon, S. 290

Kartoffelpuffer (Reibekuchen): rohe Kartoffeln reiben, entwässern, mit etwas Mehl, gehackter Petersilie, geriebener Zwiebel und geschlagenem Ei verarbeiten, salzen, pfeffern, löffelweise in Fett oder Öl zu kleinen Fladen backen; dazu Zucker und Apfelmus oder Sauerkraut, Salat o.a.

dtv Küchen-Lexikon, S. 246

C. Eisbein mit Sauerkraut

(eine Berliner Spezialität)

Die Zutaten:

1 Dose Sauerkraut (ca. 750 g)
20 g Schmalz (anderes Fett tut's auch)
1 große Zwiebel
500 g Eisbein (oder 350 g Bauchspeck)
Salz
1 Lorbeerblatt
Pfefferkörner
5 Wacholderbeeren

Die Zubereitung:

1. Das Eisbein wird in wenig Wasser fast gar gekocht (ca. 45 Minuten). Salz, das Lorbeerblatt und Pfefferkörner werden dazugegeben.

2. In einem Topf zerläßt man das Schmalz und röstet darin die gewürfelte Zwiebel goldgelb.

3. Jetzt gibt man das Sauerkraut (aus der Dose und natürlich ohne zu waschen) dazu und läßt es ganz kurze Zeit im Fett schmoren (ca. 3 Minuten).

4. Mit dem Wassersaft des gekochten Eisbeins füllt man den Topf (falls nötig) auf, gibt die 5 Wacholderbeeren und etwas Salz hinein und läßt das Sauerkraut bei schwacher Hitze gar dünsten (ca. 30 Minuten).

5. Wenn das Sauerkraut fast gar ist, gibt man das Eisbein dazu und läßt alles zusammen dünsten, bis das Sauerkraut und das Eisbein gar sind.

6. Da man meist Kartoffelbrei (Kartoffelpüree) oder Salzkartoffeln mit dem Sauerkraut anbietet, kann man das Sauerkraut mit einer Kartoffel oder etwas Kartoffelbrei abdicken bzw. binden (aber nur ganz wenig, bitte!).

7. Probieren geht über Studieren!

(In manchen Ländern glaubt man, daß die Deutschen fast jeden Tag Sauerkraut essen. Das ist natürlich Unsinn. Meine Mutter machte es vielleicht fünf- bis sechsmal im Jahr.)

Übung 1: Ergänzen Sie die Sätze mit den richtigen Nomen.

1. Das Eisbein wird in _____ fast gar gekocht.

2. In einem Topf zerläßt man das _____ und röstet darin die

   gewürfelte _____ goldgelb.

3. Jetzt gibt man das Sauerkraut dazu und läßt es ganz kurz

   _____ im _____ schmoren.

4. Mit dem Wassersaft des gekochten _____ füllt man den

   _____ auf und gibt die fünf _____

   und etwas (eine Prise) _____ hinein.

5. Man läßt das Sauerkraut bei schwacher _____ gar dün-

   sten.

6. Da man meist _____ oder _____

   mit dem Sauerkraut anbietet, kann man es leicht damit abdicken bzw. binden.

Übung 2: Jetzt prüfen wir einmal die Verben.

1. Das Eisbein wird in wenig Wasser fast gar _____.

2. In einem Topf _____ man das Schmalz und

   _____ darin die gewürfelte Zwiebel goldgelb.

3. Jetzt _____ man das Sauerkraut dazu und

   _____ es in dem Fett kurze Zeit

   _____.

4. Wenn das Sauerkraut nicht viel eigenen Saft hat, _____

   man den Topf mit dem Saft des Eisbeins auf und läßt es gar

   _____.

5. Da man meist Kartoffelbrei oder Salzkartoffeln mit dem Sauerkraut

   _____, kann man das Sauerkraut mit einer Kartoffel oder

   etwas Kartoffelbrei _____.

6. Probieren _____ über Studieren.

Übung 3: Kennen Sie die übergeordneten Begriffe?

z.B. Äpfel, Birnen, Bananen, Kirschen   Obst

1. Eisbein, Kotelett, Filet, Haxe   _____

2. Butter, Schmalz, Margarine, Öl   _____

3. Weißkohl, Erbsen, Bohnen, Blumenkohl   _____

4. Pfeffer, Zwiebel, Curry, Wacholderbeeren   _____

5. braun, schwarz, goldgelb, rot   _____

6. Salzburger Nockerl, Reibekuchen, Eisbein
   mit Sauerkraut   _____

Übung 4: Wie heißen die Präpositionen?

1. Das Eisbein wird _____ wenig Wasser fast gar gekocht.

2. _____ einem Topf zerläßt man das Schmalz.

3. Man nimmt das Sauerkraut direkt _____ der Dose und läßt es _____ dem Fett kurz

   schmoren.

4. Dann läßt man das Sauerkraut _____ schwacher Hitze gar dünsten.

5. Meist bietet man Kartoffelbrei _____ dem Sauerkraut an.

6. Probieren geht _____ Studieren.

Übung 5:   Zeigen Sie durch Ihre Antworten, daß Sie das Rezept gut kennen.

1. Was macht man mit dem Eisbein?

_____

2. Was macht man mit dem Schmalz?

_____

3. Was macht man mit der Zwiebel?

_____

4. Was macht man mit dem Sauerkraut?

_____

5. Was macht man, wenn das Sauerkraut fast gar ist?

_____

6. Womit bindet man das Sauerkraut?

_____

7. Was geht über Studieren?

_____

Übung 6: Schreiben Sie das Rezept auswendig auf.

Übung 7: Übersetzen Sie das Rezept in Ihre Muttersprache und geben Sie es einigen Freunden.

Übung 8: Vergleichen Sie die folgenden Sauerkrautrezepte!

Sauerkraut, bürgerlich: Apfel- und Zwiebelscheiben in Schweineschmalz anschwitzen, Sauerkraut zugeben und in fetter Fleischbrühe dünsten.

Sauerkraut, französisch: Sauerkraut mit Mohrrübe, Zwiebel, einigen Gewürznelken, einem Kräuterbündel, einigen Wacholderbeeren, einem Stück mageren Speck und Schweineschmalz in eine Kasserolle geben, mit Weißwein und Fleischbrühe (halb und halb) knapp bedecken und zugedeckt mindestens 4 Stunden kochen.

Sauerkraut, gedämpft: gehackte Zwiebel in Fett anschwitzen, Sauerkraut hinzugeben, mit fetter Fleischbrühe und Weißwein auffüllen, mit Salz und einer Prise Zucker würzen und gar dünsten.

Sauerkraut mit Muscheln: Sauerkraut mit Speckwürfeln in Weißwein und Fleischbrühe dünsten und mit gebackenen Muscheln garnieren.

Sauerkraut Parma: feingehackte Zwiebeln in Butter leicht anschwitzen, Sauerkraut zugeben; Tomatenmark in Wasser auflösen, etwas zuckern und über das Sauerkraut gießen, alles dünsten; mit Stärkemehl binden und mit saurer Sahne vollenden.

Sauerkraut, russisch: gehackte Zwiebeln in Butter leicht anschwitzen, Sauerkraut zugeben, mit Weißwein und Fleischbrühe auffüllen und dünsten, bis alle Flüssigkeit verdampft ist, mit saurer Sahne vollenden.

Sauerkraut mit Spätzle und Bauchläpple, schwäbische Spezialität: Sauerkraut mit Apfel, Zwiebel, roher Kartoffel und Schweineschmalz weich dünsten, mit Mehlschwitze binden; dazu Schweinebauch und Spätzle.

dtv Küchen-Lexikon, S. 437/438

Tagesteller

Gekochter Tafelspitz in Schnittlauchbutter
mit Sellerie-Karottengemüse und Brühkartoffeln DM 21.--

Tellergericht für Stammgäste

Lammeintopf mit Wirsing und Kartoffeln DM 12.50

Süpple von Heute

Rahmsuppe von weissen Rübchen DM 7.--

Dessert von Heute

Kabinettpudding
mit Rumsauce DM 7.--

Tellergerichte

SPECKPFANNKUCHEN mit Blattsalaten DM 12.--

Geschmälzte MAULTASCHEN mit Salat DM 14.--

KRÄUTEROMELETTE mit Krevetten,
Neue gedämpfte Kartoffeln und Blattsalate DM 17.--

SCHOLLE in Butter gebraten mit Räucherspeck,
Neue gedämpfte Kartoffeln und Blattsalate DM 19.--

PERLHUHNKEULE auf Salbeisauce, glacierte Karotten
und Butterreis DM 19.--

OCHSENSCHWANZRAGOUT mit Keniabohnen
und Roggenspätzle DM 21.--

RINDERHUFTSTEAK mit Kräuterbutter
Grüne Bohnen und Würfelkartoffeln DM 22.--

REHRAGOUT in Rotweinsauce mit Egerlingen
hausgemachte Spätzle und Blattsalate DM 24.--

KALBSPICCATA auf Spinatrahmnudeln mit Tomatensalat
und geraspeltem Parmesan DM 25.--

D. Rheinischer Sauerbraten

Die Zutaten:

1000 g Rindfleisch (ein Stück von der Keule)
50 g Speck
50 g Fett
Senf
Salz
$\frac{1}{4}$ l saure Sahne
1 Eßlöffel Honig
10 getrocknete Pflaumen
3 Eßlöffel Rosinen (gehäufte Eßlöffel)
2 Scheiben Pumpernickel oder Schwarzbrot (zerreiben)
(1 Eßlöffel Mehl tut's auch)

Marinade:

$\frac{1}{4}$ l Rotwein
$\frac{1}{4}$ l Weinessig
1 Teelöffel Pfefferkörner (zerstoßen oder zerreiben)
1 Teelöffel Senfkörner
$\frac{1}{2}$ Teelöffel Thymian
6 Nelken
1 Eßlöffel Wacholderbeeren (zerstoßen oder zerreiben)
1 Lorbeerblatt
1 Möhre (klein schneiden)
1 kleines Bund Petersilie (klein schneiden)
6 kleine Zwiebeln (ganz lassen)

Die Zubereitung:

1. Aus den angegebenen Zutaten macht man zuerst eine Marinade in einem Porzellan- oder Emailletopf.

2. Dann wäscht man das Fleisch mit Wasser, legt es in die Marinade und deckt den Topf zu.

3. Das Fleisch bleibt drei bis vier Tage (kühler Platz) in der Marinade; dabei dreht man es täglich mindestens einmal um, damit die Marinade gut durchzieht.

4. Nach drei oder vier Tagen nimmt man das Fleisch aus der Marinade, trocknet es, reibt es mit Salz ein und bestreicht das ganze Stück mit Senf.

5. Man gibt den Speck (in Würfel geschnitten) und das Fett in den Brattopf. Wenn das Fett ausgelassen und heiß ist, legt man das Fleisch hinein und brät es auf allen Seiten gut braun an.

6. Jetzt begießt man den Braten mit etwas durchgesiebter Marinade, gibt die kleinen Zwiebeln, die Möhre, die Petersilie aus der Marinade dazu und läßt alles ca. 30 Minuten im geschlossenen Topf schmoren. Während dieser Zeit begießt man aber immer wieder den Braten mit der Soße. Wenn zuviel Soße verdunstet, füllt man mit heißem Wasser oder durchgesiebter Marinade auf, damit die Bratensoße immer ungefähr 2–5 cm hoch ist.

7. Nach ungefähr 30 Minuten gibt man den Rest der Marinade und die Rosinen und Pflaumen hinzu und füllt den Topf so auf (eventuell noch heißes Wasser), daß das Fleisch mindestens ¾ in Flüssigkeit liegt. Im geschlossenen Topf läßt man es noch einmal 50 Minuten gar schmoren. Nur gelegentlich begießt man während dieser Zeit das Fleisch mit Soße.

8. Danach bindet man die Soße mit der sauren Sahne, dem Honig und dem zerriebenen Schwarzbrot, schmeckt mit Salz, Pfeffer und Zucker ab, bis der süßsaure Geschmack richtig ist, und läßt alles noch einmal kurz aufkochen.

9. Zu Sauerbraten serviert man z.B. Kartoffelklöße, Rotkohl und Apfelkompott.

10. Das kann doch nicht schlecht sein, nicht wahr?

(Rheinischer Sauerbraten ist eine Spezialität, die man immer wieder in guten Häusern auf der Speisekarte findet; aber zu Hause schmeckt's am besten.)

Übung 1: Wie heißen die Präpositionen?

1. _____ den angegebenen Zutaten macht man eine Marinade _____ einem Porzellantopf.

2. Das Fleisch wird _____ die Marinade gelegt.

3. Es bleibt etwa vier Tage _____ der Marinade.

4. _____ drei Tagen nimmt man das Fleisch _____ der Marinade und reibt es _____ Salz ein.

5. _____ heißen Fett läßt man das Fleisch _____ allen Seiten gut anbräunen.

6. Man begießt den Braten _____ durchgesiebter Marinade und läßt alles _____ geschlossenen Topf schmoren.

7. _____ dieser Zeit begießt man immer wieder den Braten _____ Soße.

8. _____ ungefähr 30 Minuten gibt man den Rest der Marinade hinzu.

9. Man bindet die Soße _____ der sauren Sahne.

10. _____ Sauerbraten serviert man Kartoffelklöße und Rotkohl.

Übung 2: Was hat man, ... (Partizipien als Adjektive)

1. wenn man Schwarzbrot zerreibt?

_____ Schwarzbrot

2. wenn man Pfefferkörner zerstößt?

_____ Pfefferkörner

3. wenn man Möhren klein schneidet?

_____ Möhren

4. wenn man die Zuaten angibt?

die _____ Zutaten

5. wenn man den Topf zudeckt?

einen _____ Topf

6. wenn man Speck in Würfel schneidet?

_____ Speck

7. wenn man Fett ausläßt?

_____ Fett

8. wenn man die Marinade durchsiebt?

_____ Marinade

9. wenn man den Topf schließt?

einen _____ Topf

10. wenn man den Topf mit Wasser auffüllt?

einen _____ Topf

Übung 3: Und wie heißen die trennbaren Vorsilben? (Verbzusätze)

1. Man deckt den Topf _____.

2. Man dreht das Fleisch _____.

3. Man läßt das Fett _____.

4. Man brät das Fleisch _____.

5. Man siebt die Marinade _____.

6. Man gibt die Zwiebel _____.

7. Man füllt mit heißem Wasser _____.

8. Man schmeckt mit Salz, Pfeffer und Honig _____.

9. Man kocht alles noch einmal kurz _____.

Übung 4 Antworten Sie immer ganz kurz.

1. Worin macht man die Marinade?

_____

2. Womit wäscht man das Fleisch?

_____

3. Wie lange bleibt das Fleisch in der Marinade?

_____

4. Wie oft dreht man das Fleisch um?

_____

5. Warum dreht man das Fleisch um?

_____

6. Was tut man nach drei bis vier Tagen?

_____

7. Womit reibt man das Fleisch ein?

_____

8. Womit bestreicht man es?

_____

9. Wann legt man das Fleisch in den Brattopf?

_____

10. Womit begießt man den Braten?

_____

11. Was gibt man hinzu?

_____

12. Wie lange läßt man alles schmoren?

_____

13. Worin läßt man den Braten schmoren?

_____

14. Was tut man während dieser Zeit?

_____

15. Womit füllt man auf?

_____

16. Wann füllt man auf?

_____

17. Wann gibt man den Rest der Marinade hinzu?

_____

18. Wie soll das Fleisch in der Flüssigkeit liegen?

_____

19. Wie oft begießt man das Fleisch mit Soße?

_____

20. Was tut man, wenn das Fleisch gar ist?

_____

21. Womit schmeckt man ab?

_____

22. Wie muß der Geschmack sein?

_____

23. Was serviert man zu Sauerbraten?

_____

Übung 5   Schreiben Sie auf, was Sie für das Rezept Sauerbraten alles brauchen (die Zutaten).

_____

_____

_____

_____

Übung 6   Laden Sie Ihre Eltern oder einige Freunde zu einem „Rheinischen Sauerbraten" ein! Sicherlich fragt man Sie, wie man das macht. Übersetzen Sie also vorsorglich das ganze Rezept in Ihre Muttersprache.

Salvator-Keller

Durchgehende warme Küche von 11.30 Uhr bis 21.30 Uhr

Heiß aus dem Suppenkessel

Bouillon mit Ei.................................... 3,60
Leberknödelsuppe................................... 4,00
Aufg'schmalzene Brotsuppe mit Milzwurst
   in der Terrine.................................. 6,90
Hausgemachte Gulaschsuppe "Brauer Art" mit Brot. 5,80
Französische Zwiebelsuppe mit Käse überbacken... 5,90

Für den kleinen Hunger

Käsespätzle "Allgäuer Art" mit grünem Salat..... 9,80
Knackiger Salatteller , frisch vom Viktualien-
   markt, mit Thunfisch und Ei...................10,50
Toast "Hawaii" mit Schinken, Ananas und Käse
   überbacken.................................... 9,20
3 Stück Reiberdatschi mit Sauerkraut
   oder Apfelmus................................. 7,50
Mailänder Toast, Schwarzbrot mit Salami,
   Tomatenscheiben und Käse überbacken.......... 9,50
6 Stück original Nürnberger Rostbratwürstl
   mit Sauerkraut und Kartoffelpüree............ 9,30

... lebend frisch aus unserem Fischbecken

Forelle blau mit zerlassener Butter
   und Dampfkartoffeln..........................16,80
Forelle in Mandelbutter, mit frischem Gemüse
   und Schwenkkartoffeln........................18,50

Rheinischer Sauerbraten: Früher Pferdefleisch, heute vor allem Rinderbraten in einer Essigmarinade mit Zwiebelringen, Lorbeerblatt, Pfefferkörnern, Wacholderbeeren, Nelken usw. einige Tage mariniert, dann von allen Seiten angebraten, mit Rotwein und einem Teil der Marinade abgelöscht und mit Rosinen oder Korinthen gargeschmort; Sauce gebunden mit Aachener Printen bzw. Bruch- oder Sauerbraten-Printen.

Heyne Küchenlexikon, S. 503

Sauerbraten: ein   Rinderschwanzstück etwa 3 Tage mit Wurzelwerk, Zwiebel, Pfefferkörnern, Wacholderbeeren und Gewürznelken in verdünntem Essig marinieren, dann abtrocknen, ringsum kräftig anbraten, mit Mehl bestäuben, Fleischbrühe und Tomatenmark hinzufügen, zugedeckt im Ofen weich schmoren; dazu Kartoffelklöße.

dtv Küchen-Lexikon, S. 437

E. Zwetschgenknödel

(nördlich vom Main: Klöße)
(südlich vom Main: Knödel)

Die Zutaten:

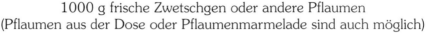

1000 g gekochte Kartoffeln
300 g Mehl
3 Eier
1000 g frische Zwetschgen oder andere Pflaumen
(Pflaumen aus der Dose oder Pflaumenmarmelade sind auch möglich)
Würfelzucker
50 g Butter
Zucker
Zimt

Die Zubereitung:

1. Die rohen Kartoffeln werden mit der Schale in Salzwasser bei schwacher Hitze gar gekocht, das Wasser wird abgegossen, dann läßt man die Kartoffeln im offenen Topf noch etwas nachdämpfen. Danach schält man sie und hat dann Pellkartoffeln.
2. Die gekochten Kartoffeln werden gerieben oder durch den Fleischwolf gedreht oder einfach klein geknetet und mit dem Mehl, Salz und den Eiern zu einem Knödelteig verarbeitet.
3. Jetzt entsteint man die Zwetschgen (Pflaumen) und füllt jede Zwetschge mit einem Stück Würfelzucker.
4. Um jede Zwetschge gibt man jetzt Knödelteig und formt eine Kugel (Knödel) mit der Zwetschge in der Mitte.
5. Die Butter wird ausgelassen und etwas gebräunt.
6. Die Knödel gibt man vorsichtig in einen großen Topf mit kochendem Salzwasser und läßt sie bei schwacher Hitze in 5 bis 8 Minuten gar werden.
7. Man nimmt sie ebenso vorsichtig heraus, läßt sie abtropfen, begießt sie mit der gebräunten Butter und bestreut sie mit Zucker und Zimt.
8. So werden sie sofort zu Tisch gegeben.

(Sie brauchen anstatt der Pflaumen nur Aprikosen zu nehmen, dann haben Sie eine weitere Spezialität, nämlich *Wiener Marillenknödel*, denn in Bayern und Österreich heißen Aprikosen *Marillen* oder *Marellen*.)

1. Die Kartoffeln werden _____ der Schale _____ Salzwasser _____ schwacher Hitze gar gekocht.

2. Man läßt sie _____ offenen Topf noch etwas nachdämpfen.

3. Die gekochten Kartoffeln werden _____ den Fleischwolf gedreht und _____ dem Mehl, Salz und den Eiern _____ einem Teig verarbeitet.

4. Jede Zwetschge wird _____ einem Stück Würfelzucker gefüllt.

5. _____ jede Zwetschge gibt man jetzt Knödelteig und formt eine schöne runde Kugel _____ der Zwetschge _____ der Mitte.

6. Die Knödel gibt man _____ kochendes Salzwasser.

7. Wenn sie gar sind, nimmt man sie heraus, begießt sie _____ Butter und bestreut sie _____ Zucker und Zimt.

8. So werden sie _____ Tisch gegeben.

Übung 2:   Wie heißen die trennbaren und untrennbaren Vorsilben?

1. Die Kartoffeln werden _____ gekocht und das Wasser wird _____gegossen.

2. Die Kartoffeln läßt man noch etwas _____dämpfen.

3. Die Kartoffeln, das Mehl, das Salz und die Eier werden zu einem Knödelteig _____arbeitet.

4. Jetzt _____steint man die Zwetschgen.

5. Die Butter wird _____gelassen.

6. Man nimmt die Knödel _____, läßt sie _____tropfen, _____gießt sie mit brauner Butter und _____streut sie mit Zucker und Zimt.

Übung 3:   Kennen Sie die Namen für diese Sachen?

1. Wie heißen diese runden Dinger, die man in Deutschland soviel ißt und die so berühmt sind?

   nördlich vom Main   _____

   südlich vom Main   _____

2. Kartoffeln, die mit der Schale gekocht werden, heißen

   _____

3. Längliche Pflaumen sind   _____

4. Zucker, der in viereckigen Stücken geliefert wird, heißt

   _____

5. Zucker, der ganz fein ist, heißt   _____

6. Aprikosen heißen in Österreich   _____

Übung 4:   Antworten Sie ganz kurz und zeigen Sie, daß Sie das Rezept genau kennen.

1. Werden die Kartoffeln geschält?

   _____

2. In was für Wasser werden sie gar gekocht?

   _____

3. Bei welcher Hitze?

   _____

4. Was tut man mit dem Wasser?

   _____

5. Worin läßt man die Kartoffeln nachdämpfen?

   _____

6. Was tut man mit den gekochten Kartoffeln?

_____

7. Wozu verarbeitet man die Zutaten?

_____

8. Was tut man mit den Zwetschgen?

_____

9. Womit füllt man jede Zwetschge?

_____

10. Was formt man aus den Zwetschgen und dem Teig?

_____

11. Was tut man jetzt mit der Butter?

_____

12. Worein gibt man die Knödel?

_____

13. Wie nimmt man sie heraus?

_____

14. Womit begießt man sie?

_____

15. Womit bestreut man sie?

_____

Übung 5:   Schreiben Sie das Rezept auswendig auf.

Übung 6:   Übersetzen Sie das Rezept in Ihre Muttersprache.

Marillenknödel (österr.): Vierecke von Hefeteig, dünn ausgerollt mit einer Aprikose belegt, die entsteint und mit einem Stück Würfelzucker gefüllt wurde, zusammengeschlagen, zur Kugel geformt, in köchelndem Wasser pochiert, in mit viel Butter gerösteten Bröseln gerollt, mit Puderzucker bestäubt.

Zwetschgenknödel (Quenelles aux prunes): Aus ausgerolltem Kartoffelteig Quadrate geschnitten, eine Zwetschge darin eingehüllt und zwischen den Händen rund geformt. In Salzwasser gegart, abgeschreckt und in → Polonaise gewälzt. Werden die Knödel mit Aprikosen gefüllt, ergibt das Marillenknödel. – Österreichische Variante: Statt Kartoffel- ein Hefeteig; serviert mit in reichlich Butter gebräuntem Paniermehl und mit Zucker bestreut.

dtv Küchen-Lexikon, S. 554 und S. 310

Marillenknödel, österreichische Spezialität: Hefeteig dünn ausrollen, in Quadrate schneiden, auf jedes Quadrat eine frische, entsteinte Aprikose (Marille) setzen, die mit einem Stück Zucker gefüllt wurde, den Teig über der Aprikose zusammenschlagen, zu einer Kugel formen, den Teig gehen lassen, die Knödel in siedendem Wasser garziehen, abtropfen, in geröstetem Paniermehl rollen und mit Puderzucker bestäuben. – Marillenknödel werden oft auch aus Kartoffelknödelmasse gemacht.

Zwetschgenknödel, österreichische Spezialität: Aus zerstampften Pellkartoffeln, Mehl, Eiern und etwas Salz einen Knödelteig bereiten, aus dem Teig runde Klöße formen, in jeden Kloß eine frische, entsteinte und mit Würfelzucker gefüllte Zwetschge stecken, in siedendem Salzwasser garen, danach abtropfen, in gebräuntem Paniermehl wälzen und mit Zucker und Zimt anrichten.

Heyne Küchenlexikon, S. 697 und S. 364/5

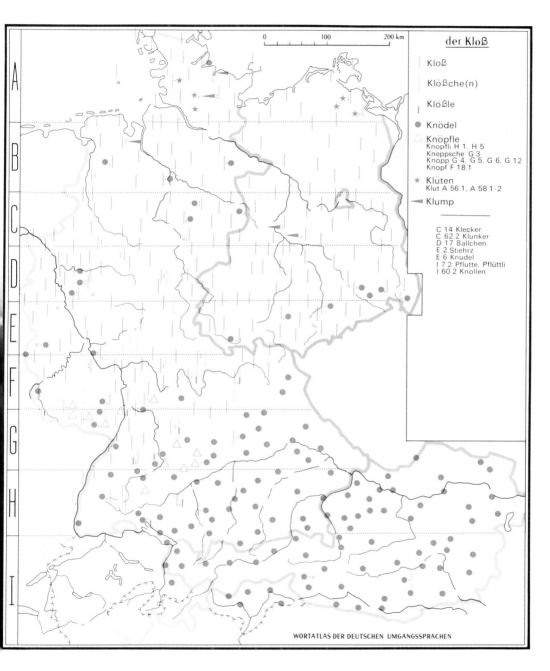

Bezeichnungen für den „Kloß" im deutschen Sprachraum

The legend reads:

der Kloß

| Kloß
| Klößche(n)
| Klößle
● Knödel
△ Knöpfle
  Knopfli H 1, H 5
  Kneppsche G 3
  Knopp G 4, G 5, G 6, G 12
  Knopf F 18.1
★ Klüten
  Klut A 56.1, A 58.1-2
◄ Klump

C 14 Klecker
C 62.2 Klunker
D 17 Ballchen
E 2 Stiehrz
E 6 Knudel
I 7.2 Pflutte, Pflüttli
I 60.2 Knollen

0   100   200 km

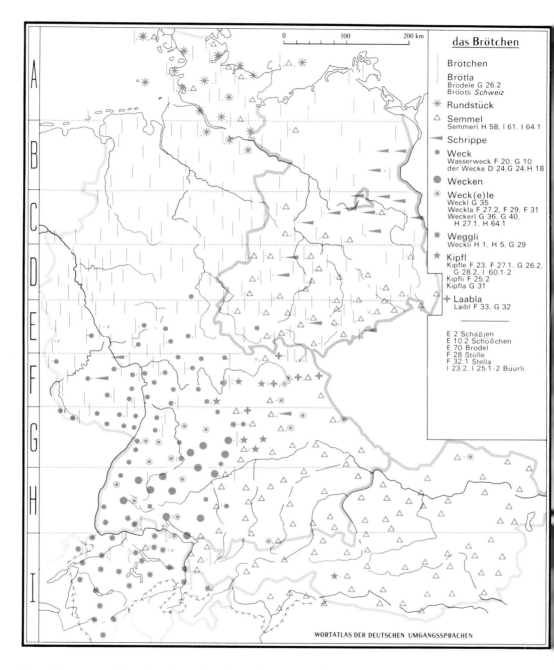

das Brötchen

| Brötchen
| Brötla
  Brödele G 26.2
  Bröotli *Schweiz*
✳ Rundstück
△ Semmel
  Semmerl H 58, I 61, I 64.1
◣ Schrippe
● Weck
  Wasserweck F 20, G 10
  der Wecke D 24, G 24, H 18
● Wecken
◉ Weck(e)le
  Weckl G 35
  Weckla F 27.2, F 29, F 31
  Weckerl G 36, G 40,
  H 27.1, H 64.1
✳ Weggli
  Weckli H 1, H 5, G 29
★ Kipfl
  Kipfle F 23, F 27.1, G 26.2,
  G 28.2, I 60.1-2
  Kipfli F 25.2
  Kipfla G 31
✚ Laabla
  Laibl F 33, G 32

E 2 Schäßjen
E 10.2 Schößchen
E 70 Brodel
F 28 Stölle
F 32.1 Stella
I 23.2, I 25.1-2 Buurli

WORTATLAS DER DEUTSCHEN UMGANGSSPRACHEN

Bezeichnungen für das „Brötchen" im deutschen Sprachraum

Sechstes Kapitel

Zehn weitere Rezepte

A. Möhrensalat

Die Zutaten:

500 g Möhren
1 Zitrone
1 Teelöffel Zucker
½ gestrichenen Teelöffel Salz
2 Eßlöffel Öl

Die Zubereitung:

Möhren schaben, waschen und fein raspeln. Den Saft der Zitrone, den Zucker, das Salz und das Öl über die geraspelten Möhren geben und alles gut vermischen. Den Möhrensalat zudecken und bis zum Essen ziehen lassen.

B. Griesflammeri
(Grießbrei)

Die Zutaten:

½ l Milch
30 g Zucker
1 Prise Salz
1 Päckchen Vanillinzucker
60 g Grieß
1 Eiweiß

Die Zubereitung:

Milch, Zucker, Salz und Vanillinzucker in einen Topf geben und bei starker Hitze kurz zum Kochen bringen. Hitze reduzieren und Grieß in die leicht kochende Milch einrühren. Kurz aufkochen lassen und Herd ausschalten. 10 Minuten garziehen lassen. Das Eiweiß zu Schnee schlagen und unter den Flammeri heben. Flammeri in kleine Schalen füllen.

C. Sellerie-Lauch-Suppe

Die Zutaten:

1 Zwiebel
125 g Sellerie
125 g Lauch (Porree)
30 g Margarine
20 g Mehl
1 l Wasser
1 gestrichenen Teelöffel Salz
2 Eßlöffel Dosenmilch
gehackte Petersilie

Die Zubereitung:

Zwiebel, Sellerie, Lauch putzen, waschen und kleinschneiden. Die Margarine in einem Topf kurz stark erhitzen und das Gemüse (Zwiebel, Sellerie, Lauch) kurz im Fett andünsten und etwa eine Minute umrühren. Das Mehl darüberstreuen und unterrühren. Das Wasser hineingießen, alles umrühren und mit geschlossenem Deckel bei leichter Hitze etwa 15 Minuten garen lassen. Salz zufügen und abschmecken. Dosenmilch und gehackte Petersilie hineingeben.

D. Eierpfannkuchen

Die Zutaten:

200 g Mehl
½ l Milch
3 Eier
1–2 Eßlöffel Öl für jeden Pfannkuchen
½ Teelöffel Salz
vielleicht Zucker zum Bestreuen

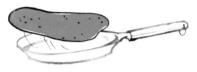

Die Zubereitung:

Mehl und Salz in eine Schüssel geben, Eier und Milch mit dem Mehl verquirlen. Öl in einer Pfanne erhitzen. Etwas Teig in die Pfanne geben, bis der Boden gerade bedeckt ist. Hitze etwas reduzieren. Pfannkuchen wenden und zweite Seite backen. Fertige Pfannkuchen auf einen großen Teller legen und mit Zucker bestreuen.

Als Beigabe eignet sich ein Rohkostsalat. Dadurch wird das Gericht vollwertig.

Variationen:

a) Geschälte und in Scheiben geschnittene Äpfel (500 g) oder drei Bananen in Scheiben schneiden und in den Teig geben.

b) Kleingeschnittenen Schinken oder Wurst- und Fleischreste (200 g) mitbacken.

c) Verschiedene frische Gartenkräuter (Petersilie, Schnittlauch) können auch mitgebacken werden.

E. Rotkohl

(auch Rotkraut oder Blaukraut)

Die Zutaten:

1000 g Rotkohl
70 g fetten Speck (oder Schmalz)
60 g Zucker
3 Eßlöffel Essig
Salz
1 Zwiebel
3 Äpfel
1 Lorbeerblatt
5 Nelken

Die Zubereitung:

Den Kohlkopf säubern, waschen, den Strunk entfernen. Kohl nicht zu fein schneiden. Speck in Würfel schneiden, heiß werden lassen, gewürfelte Zwiebel darin goldgelb bräunen. Den Kohl hineingeben und kurz schmoren lassen. Mit $1/8$ l Wasser auffüllen, Gewürze hinzugeben und gewürfelte Apfelstücke oben auf den Kohl legen. 60 bis 80 Minuten bei schwacher Hitze dünsten. Abschmecken mit Salz, Zucker und Essig, bis der süßsaure Geschmack richtig ist. Zum Schluß noch mit einem Schuß herben Rot- oder Weißwein verfeinern.

Rotkohl ist die herkömmliche Beigabe zu Rheinischem Sauerbraten, paßt aber auch zu vielen anderen Bratgerichten.

F. Himmel und Erde

(Spezialität in Westfalen
und im Rheinland)

Die Zutaten

1500 g Kartoffeln
500 g Äpfel
400 g billige Blutwurst
(falls nicht erhältlich:
100 g geräucherten Speck)
Fett (nicht nötig bei Speck)
2 Zwiebeln
Pfeffer
Salz
Zucker
Essig

Die Zubereitung:

Kartoffeln schälen und in Würfel schneiden. Äpfel schälen, vierteln, Kerngehäuse entfernen. Kartoffeln und Äpfel in etwa $1/2$ l Wasser mit Salz und Zucker nach Belieben kurz zum Kochen bringen, dann bei schwacher Hitze garen lassen. Abschmecken mit Salz, Zucker, Pfeffer und Essig. Die Blutwurst mit gewürfelten Zwiebeln braten, über Himmel und Erde geben und servieren.

In Westfalen und im Rheinland ist Himmel und Erde ein Leibgericht, besonders der Kinder. Die Mütter sind froh darüber, denn die Zutaten sind billig.

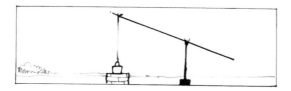

G. Paprika-Gurken-Gemüse

Die Zutaten:

1 Zwiebel
3 Paprikaschoten
½ Salatgurke
1 Teelöffel Stärkemehl
2 Eßlöffel Öl
⅛ l Wasser
½ Teelöffel Salz
½ Teelöffel Zucker
3 Eßlöffel Wasser
3 Eßlöffel Essig

Die Zubereitung:

Die Zwiebel schälen und in Würfel schneiden. Die Paprikaschoten halbieren, das Kerngehäuse entfernen, dann die halbierten Schoten in lange Streifen schneiden. Die halbe Salatgurke schälen, der Länge nach halbieren und Gurkenkerne entfernen, dann waschen und in Stücke schneiden. Öl und Zwiebel in einem Topf goldgelb dünsten. Paprikastreifen und Gurkenstücke hinzufügen, kurz aufkochen lassen, dann Hitze reduzieren und im geschlossenen Topf 10 bis 15 Minuten garen lassen. Das Stärkemehl mit Wasser in einer Tasse verrühren und das Gemüse damit andicken. Mit Essig abschmecken, bis der Geschmack richtig ist.

Brühreis eignet sich gut als Beilage zu diesem Gericht.

H. Eingelegte Heringe

Die Zutaten:

8 Salzheringe
2 große Zwiebeln
3 große Äpfel
½ Zitrone
100 g Walnüsse
3 dicke saure Gurken
4 Lorbeerblätter
2 Eßlöffel Pfefferkörner
1 Teelöffel Wacholderbeeren
⅛ l Sahne
3 Eßlöffel Essig

Die Zubereitung:

Kopf und Schwanz abtrennen, Heringe 2 Tage wässern und das Wasser mehrmals wechseln, kühl stellen.

Heringe vorsichtig enthäuten und von der Rückgratlinie aus entgräten. Marinade bereiten aus Essig, Sahne und durchgesiebter Heringsmilch.

Äpfel schälen und Kerngehäuse entfernen, in kleine Stücke schneiden und mit dem Saft einer halben Zitrone beträufeln. Walnüsse zerkleinern, die sauren Gurken zerstückeln. Apfelstücke, Nüsse, Gurken, Lorbeerblätter, Pfefferkörner, Wacholderbeeren in die Soße geben. Zwiebeln in Ringe schneiden. Eine Schicht Heringsfilets, Heringsrogen und eine Schicht Zwiebelringe in eine Porzellanschüssel legen, etwas Marinade darübergießen, die nächste Schicht Filets und Zwiebeln einlegen und mit Marinade begießen. Schüssel weiter schichtweise auffüllen. Mit Soße auffüllen, bis Heringe gut bedeckt sind. Falls nötig, Wasser aus dem Gurkenglas zu der Marinade geben oder eine Mischung aus Milch und Essig hinzufügen. Ein bis zwei Tage ziehen lassen.

Traditionelle Beigabe: Pellkartoffeln, vielleicht mit etwas zerlassener Butter.

Eingelegte Heringe sind eine Delikatesse für Feinschmecker.

I. Thüringer Kartoffelklöße

Die Zutaten:

1500 g rohe Kartoffeln
500 g gekochte Kartoffeln
$1/_8$ l Milch
Salz
geröstete Semmelwürfel
(siehe Karte S. 73)

Die Zubereitung:

Rohe Kartoffeln schälen, waschen, reiben, in einem Tuch gut auspressen. Gekochte kalte Kartoffeln reiben oder durch den Fleischwolf drehen. Alles schnell (damit sich die rohen Kartoffeln nicht verfärben) zu einem Kloßteig verarbeiten. Falls nötig, Teig mit Mehl oder Grieß fester machen. Einige Scheiben Weißbrot in Stücke schneiden und in Butter braun und knusprig rösten. Aus dem Teig Klöße formen und jeden Kloß mit einigen Semmelwürfeln füllen. Klöße in kochendes Salzwasser geben und bei mittlerer Hitze etwa 20 Minuten garen lassen.

Typische Beigabe für Gänsebraten, paßt sehr gut zu Sauerkraut oder Rotkohl und ideal für Rheinischen Sauerbraten.

Bayerische Reibeknödel sind ähnlich, man nehme nur 100 g rohe Kartoffeln, aber 4 in dünne Scheiben geschnittene Semmeln. Semmeln mit heißer Milch übergießen. Alles zu Knödelteig verarbeiten. Nicht mit gerösteten Semmelwürfeln füllen.

J. **Kalbshaxe**

(eine bayerische Spezialität)

Die Zutaten:

1 oder 2 Kalbshaxen (je nach Größe)
2 Eßlöffel Essig
2 Zwiebeln
2 Nelken
1 Lorbeerblatt
5 Pfefferkörner
1 Stück Sellerie (kleingeschnitten)
Salz
2 Möhren (kleingeschnitten)
60 g Butter
1/8 l saure Sahne
1 Teelöffel Speisestärke

Die Zubereitung:

Einen Liter Salzwasser mit Essig, Gewürzen, Gemüse zum Sieden bringen. Die Kalbshaxen hineingeben und etwa 20 bis 30 Minuten bei leichter Flamme halbgar werden lassen. Haxen herausnehmen, abtropfen lassen, mit Butter bestreichen und im Backofen bei mittlerer Hitze etwa 40 Minuten braun braten. Öfters begießen, Bratensoße mit Haxenbrühe verdünnen. Sahne mit Speisestärke verrühren und Soße binden.

Als Beigabe eignen sich Kartoffelklöße, frischer Salat, Rosenkohl.

„Gastronomische" Sprichwörter und Redensarten

Sprichwörter

1	Voller Bauch studiert	a)	der beste Koch.		1	
2	Liebe geht	b)	beim Essen.		2	
3	Hunger ist	c)	nicht gern.		3	
4	Viele Köche verderben	d)	der Teufel Fliegen.		4	
5	Probieren geht	e)	durch den Magen.		5	
6	Der Appetit kommt	f)	über Studieren.		6	
7	Im Wein liegt	g)	den Brei.		7	
8	In der Not frißt	h)	Wahrheit.		8	

Redensarten

1	Ich will nicht um den heißen Brei	a)	auslöffeln.		1	
2	Wir werden ihm die Suppe schon	b)	schmieren.		2	
3	Was man sich einbrockt, muß man auch	c)	versalzen.		3	
4	Bei Sebastian ist Hopfen und Malz	d)	gemacht.		4	
5	Du wirst bestimmt wieder ein Haar in der Suppe	e)	verloren.		5	
6	Da hat er die Rechnung ohne den Wirt	f)	herumreden.		6	
7	Das wird man uns bestimmt wieder mal aufs Brot	g)	finden.		7	

Lösungen:

Sprichwörter:
Voller Bauch studiert nicht gern. (Aus dem Lateinischen „Plenus venter non studet libenter".)
Liebe geht durch den Magen.
Hunger ist der beste Koch.
Viele Köche verderben den Brei.
Probieren geht über Studieren.
Der Appetit kommt beim Essen.
Im Wein liegt Wahrheit. („In vino veritas.")
In der Not frißt der Teufel Fliegen.

Redensarten:
Ich will nicht um den heißen Brei herumreden.
Wir werden ihm die Suppe schon versalzen.
Was man sich einbrockt, muß man auch auslöffeln.
Bei Sebastian ist Hopfen und Malz verloren.
Du wirst bestimmt wieder ein Haar in der Suppe finden.
Da hat er die Rechnung ohne den Wirt gemacht.
Das wird man uns bestimmt wieder mal aufs Brot schmieren.

Siebtes Kapitel

Die Hauptmahlzeiten

A. Das Frühstück

	Traditionell	Moderne Varianten
Getränke:	Kaffee/Tee/Milch/Kakao	Fruchtsaft/Tomatensaft/Kräutertee
Brot:	Brötchen/Schwarzbrot/Weißbrot	Toast/Knäckebrot/Croissants
Brotaufstrich:	Butter/Margarine Marmelade/Gelee/Honig	Nougatcreme/Erdnußbutter
Käse:	Quark/Tilsiter/Emmentaler	Quark (mit Kräutern)/Frischkäse
Aufschnitt:	Schinken (roh/gekocht) Wurst: Leberwurst/Cervelatwurst/Teewurst	
Eier:	weich gekochtes Ei/Rührei (mit Schinken)/Spiegeleier (mit Speck)	
Früchte:		Pampelmuse/Obstmüesli/Joghurt mit Früchten
Suppen:	Haferflockensuppe/Grießbrei	Cornflakes/Haferflocken mit Milch

B. Das Mittagessen

Vieles hat sich geändert. Früher, als die Rolle der Frau mit den Worten „Kinder, Küche, Kirche" umschrieben werden konnte, war das Mittagessen die Hauptmahlzeit. Und zu Großmutters Zeiten gab es freitags Fisch, am Samstag Eintopf; am Sonntag servierte die Mutter den sprichwörtlichen Sonntagsbraten, von dem man dann am Montag die Reste aß. An den übrigen Tagen wurde solide Hausmannskost aufgetischt.

Ein kleiner Vergleich zeigt, wieviel sich in 35 Jahren verändert hat:

Ein Großteil der Berufstätigen ißt heutzutage mittags in Kantinen, Gasthäusern, Selbstbedienungsrestaurants, Imbißstuben, Schnellgaststätten und in chinesischen, italienischen, griechischen Restaurants. Sonntags aber ißt man oft noch zu Hause, und da gibt's keine Vorschriften mehr, höchstens noch die traditionelle Reihenfolge: Vorspeise – Hauptspeise – Nachtisch.

Man wünscht sich gegenseitig „Guten Appetit" / „Mahlzeit" / „Gesegnete Mahlzeit" und antwortet „Danke" / „Gleichfalls".

Vorspeise:	eine Suppe
Hauptspeise:	Kartoffeln oder Nudeln oder Reis ein Gemüse ein Fleisch- oder Fischgericht
Nachtisch:	frisches Obst, Pudding oder Eis, manchmal Kuchen
Getränke:	Wein oder Bier, Mineralwasser; nachher oft Kaffee

Nach dem Essen ist in Privathaushalten etwa eine Stunde Ruhezeit. Während dieser Zeit besucht man niemanden und ruft auch niemanden an.

Besonders am Wochenende trifft man sich dann nachmittags zu Kaffee/Tee und Kuchen.

C. Das Abendessen – das Abendbrot – die Abendmahlzeit

Oft ißt man abends kalt, und zwar
- eine Auswahl von zwei oder mehr Brotsorten,
- Butter oder Margarine,
- Wurst, Schinken, Käse
- verschiedenste Salate (Pflanzen, Fleisch, Fisch)

aber auch kleine warme Gerichte, z.B.
- Bratkartoffeln mit Beilagen
- überbackene Toasts
- Aufläufe
- gebratenen Leberkäse
- Speck mit Ei

Getrunken wird Bier, Mineralwasser, Kräutertee, Saft.

D. Brot – Wurst – Käse

Eine tabellarische Übersicht

s Brot, -e: In Deutschland gibt es etwa 200 Brotsorten, in Frankreich etwa 50, in England etwa 20.

e Wurst, ⸚e: In Deutschland gibt es etwa 1500 Wurstsorten.

r Käse, -:   Wenn der Käse nicht aus Kuhmilch hergestellt ist, muß in Deutschland angegeben werden, daß es Schafskäse oder Ziegenkäse ist.

Brotsorten	Wurstsorten	Käsesorten
Hauptsorten:	*Bratwurst (aus rohem Fleisch):*	*Frischkäse:*
Weißbrot (aus Weizenmehl)	Thüringer Rostbratwurst	Hüttenkäse
Graubrot (aus Weizen- und Roggenmehl)	Münchner Schweinswürstl	Doppelrahm-Frischkäse
		(Sahne-)Schichtkäse
Roggenbrot (aus Roggenmehl)	*Brühwurst (leicht geräuchert / gebrüht / gekocht):*	Speisequark
Vollkornbrot (aus geschroteten Weizen- oder Roggenkörnern)	Bierwurst	*Weichkäse:*
	Bockwurst	Brie
	Fleischwurst	Camembert
Spezialbrote	Frankfurter	Limburger
Brezel	Jagdwurst	Münster
Brötchen / Semmeln	Mortadella	Romadur
Frankenlaib	Münchner Weißwurst	
Grahambrot (Diätbrot)	Wiener	*Edelpilzkäse:*
Holzofenbrot (Bayern)		Roquefort
Knäckebrot	*Kochwurst (aus gekochtem Fleisch / Innereien; angeräuchert):*	
Kommißbrot		*Schnittkäse:*
Pumpernickel	Blutwurst	Edamer
Schlüterbrot	Leberwurst	Gouda
Simonsbrot	Preßkopf	Tilsiter
Steinmetzbrot	Schwartenmagen	
Wecken		*Hartkäse:*
...	*Rohwurst (luftgetrocknet / geräuchert):*	Cheddar
		Emmentaler
	Cervelat	Parmesan
	Landjäger	
	Mettwurst	*Sauermilchkäse:*
	Salami	Bauernhandkäse
	Schinkenwurst	Harzer Roller
	Teewurst	Mainzer Käse
		Kochkäse
		Korbkäse

Achtes Kapitel

Im Restaurant

An allen Restaurants findet man draußen am Eingang eine Speisekarte, damit man sich über das Angebot an Speisen und besonders auch über die Preise informieren kann, bevor man sich entschließt hineinzugehen. Die Preise sind meist inklusive Bedienung und Mehrwertsteuer, ein kleines Trinkgeld ist üblich. Ein Überbleibsel aus alten Zeiten ist die Sitte, daß der Mann als erster das Restaurant betritt.

In der Regel sucht man sich selbst einen Platz, und wenn kein Tisch frei ist, bittet man um Erlaubnis, sich dazusetzen zu dürfen. In Restaurants der gehobenen Preisklasse wird man gefragt: „Haben Sie reserviert?" und „Wie viele Personen sind Sie?"

A. Um Erlaubnis bitten:

A   Entschuldigen Sie, ist hier noch frei?
B   Ja, bitte sehr!

A   Entschuldigen Sie, ist der Platz hier besetzt?
B   Tut mir leid, der Platz ist besetzt.

A   Guten Tag! Dürfen wir uns hier zu Ihnen setzen?
B   Gern, aber diese beiden Stühle sind besetzt. Wir erwarten noch Freunde.

A   Guten Tag! Haben Sie etwas dagegen, wenn wir uns hier hinsetzen?
B   Aber nein, bitte!

B. Nach Bedienung rufen:

A   Herr Ober!   A   Bedienung!
B   Ja, bitte?   B   Ja, sofort!

A Fräulein!	A Hallo, Herr Ober!
B Guten Tag! Bitte sehr?	B Einen Augenblick bitte!

Anmerkung: „Herr Ober" und „Fräulein" sind traditionelle Anreden, die heute eigentlich nicht mehr benutzt werden. Man sucht Blickkontakt mit dem Kellner / der Kellnerin und ruft „Hallo" oder „Bitte!", um auf sich aufmerksam zu machen.

C. Die Speisekarte erbitten:

A Die (Speise)Karte, bitte!	A Wir hätten gern die Karte!
B Gern!	B Selbstverständlich!

D. Eine Entscheidung / Auswahl treffen:

A Ich nehme / möchte …
B Und was nehmen / möchten Sie?

A Wir nehmen …
B Ich auch!

A Ich versuche einmal …
B Was ist das, bitte? Das könnte / möchte ich auch mal versuchen.

A Fisch esse ich nicht so gerne. Fisch vertrage ich nicht.
B Das ist mein Lieblingsgericht!

A Gibt es auch ein vegetarisches Gericht?
B Ja, wir haben sogar zwei.

E. Bestellungen erfragen:

Bitte sehr?
Was darf es sein?
Und Sie bitte? Was möchten Sie?
Haben Sie schon etwas ausgewählt?
Wollen Sie schon bestellen?
Haben Sie sich entschieden?
Was darf ich Ihnen bringen?
Was möchten / wünschen Sie?

F. Eine Speise oder ein Getränk empfehlen:

Wie wär's mit …?
Der / das / die … ist / sind heute besonders gut / zu empfehlen / ausgezeichnet!
Ich empfehle Ihnen …
Probieren Sie doch mal …!
Der / das / die … ist unsere Hausspezialität und wird viel gefragt / verlangt.
Haben Sie schon unser / unsere / unseren … gekostet / probiert / versucht?
Vielleicht …?

G. Eine Speise oder ein Getränk bestellen:

Einen Kaffee bitte!
Das Menü und ein Bier!
Ich möchte gern das Menü!
Ich hätte gern …!
Ich nehme Nummer 4 und einen Salat, bitte!
Für mich bitte …!
Bringen Sie (mir) (bitte) …!
Einmal …!

H. Eine Bestellung zurückweisen:

Tut mir leid.
Wir haben kein/e/n … mehr.
Der / die / das … ist leider alle!
Ich bedaure.
… servieren wir nur mittags / abends / sonntags.

I. Eine Bestellung anmahmen / an etwas erinnern:

A Ich warte immer noch auf den / die / das …?
B Entschuldigen Sie bitte, ich bringe es / sie / ihn / das sofort.

A Dauert's bitte noch lange?
B Pardon, nein, ich komme gleich!

A Verzeihung, wir haben nicht viel Zeit.
B Moment noch, es dauert nicht mehr lange.

A Haben Sie uns vergessen?
B Nein, nein, ich bin gleich da.

List Hüs

dem Gast zur Freude

Tageskarte

	DM
Fangfrisches ROTBARSCHFILET vom Grill mit einem großen Salat	16,50
Hausgemachte SÜLZE von EDELFISCHEN, Bratkartoffeln und frischer Salat	23,50
Frische NORDSEESCHOLLE in Butter oder Speck gebraten, Salzkartoffeln, Salate	17,50
BUTTERFISCHSTEAK vom Grill, Broccoliröschen, Sc. Choron und Salzkartoffeln	22,50
SEEHECHTFILET vom Grill, frische Champignons, verschiedene Blattsalate und Salzkart.	21,50
STEINBEIßERFILET in Riesling gedünstet, Hummerkrabbensoße, Butterreis und Salatherzen "Mimosa"	23,50
NORDSEESCHOLLE "Auf große Fahrt, mit Krabben, frischer Salat und Salzkartoffeln	24,50
Frischer ANGELDORSCH aus dem Gemüsesud, Estragon-Senfsoße, Salzkartoffeln, Salat	18,50
SCHOLLENFILETS vom Grill, auf Blattspinat. Sc. Hollandaise und Salzkartoffeln	21,50
NORWEGISCHER SILBERLACHS vom Grill oder pochiert, Broccoli eine leichte Orangenschaumsoße und Petersilienkartoffel	27,50
GRILLTELLER von verschiedenen FISCHFILETS, Sc. Bearnaise, Folienkartoffel und Salat	26,--
Frische NORDSEESEEZUNGE "Müllerin", großer frischer Salat und Salzkartoffeln, DM ab	38,--

....

Milde MATJESFILETS nach "Hausfrauen-Art", Bratkartoffeln und Salat	15,50
Milde MATJESFILETS mit Speckböhnchen und Petersilienkartoffeln	15,50
OMELETTE mit NORDSEEKRABBEN, Bratkartoffeln und frischer Salat	19,50
Vollkornbrot mit NORDSEEKRABBEN, Spiegelei, Schafskäse und Tomatensalat	18,50

....

Frische bunte Sommersalate mit Nordseekrabben, Möwenei und Baquette	17,50
Chicorée-Orangensalat, Geflügelbrustfilet vom Grill, Baquette mit Kräuterbutter	16,50
Kopf- und Tomatensalat mit Schafskäse, warmes Roggenbrötchen mit Kräuterbutter	16,50
Verschiedene Blattsalate mit Räucherlachs, Apfelmeerrettich und Baquette	19,50
Frische bunte Sommersalate und Champignons, Filetsteak 120 gr. und Baquette	22,--

....

MIESMUSCHELN gedämpft:	Nordfriesische Art..................................	17,50
	Rheinische Art..................................	17,50
	auf "Eigene-Art"..................................	18,50
MUSCHELN aus der Pfanne:	nach "Seemanns-Art"..................................	19,50
	auf "Provinzielle-Art"..................................	21,50

<u>Nach mehr als 50 Jahren giebt es sie wieder, die Lister Auster "Sylt-Royal"</u> 27,00
6 AUSTERN auf Eis mit Zitrone und Butterbrot serviert.................

....

	17,50
Hausgemachtes SEEMANNSLABSKAUS, Spiegelei, Rollmops und Rote Beete	18,50
Portion GRÜNKOHL mit Kasseler, Kochwurst, Schweinebacke und Bratkartoffeln	21,80
Zartes LAMMRÜCKENSTEAK vom Grill, Mintsoße, Folienkartoffeln und Salat	24,80
LAMMFILETS "Sylter-Art", Kräuterbutter, Prinzeßbohnen und Bratkartoffeln	25,50
RINDERFILETSPITZEN "Stroganoff" mit Butterreis und Salatherzen "Mimosa"	
RUMPSTEAK vom Grill, Sc. Bearnaise, Folienkartoffel und frischer Salat 160 gr.	19,50
250 gr.	25,50

J. Eine Speise, ein Getränk bringen:

So, hier ist Ihr / Ihre …! Guten Appetit!
Bitte sehr, der / die / das …! Guten Appetit!
Ja, es hat etwas länger gedauert! Entschuldigen Sie bitte!
Guten Appetit!
Wer bekommt das / die / den …?
Haben Sie noch einen Wunsch?

K. Etwas reklamieren:

A Das habe ich nicht bestellt!
B Entschuldigen Sie bitte, was hatten Sie denn bestellt?
A …
B Gut, ich bringe es / sie / ihn sofort.

A Hier ist Ihr …!
B Ich habe aber … bestellt.
A Wirklich? Oh, Verzeihung! Einen Moment bitte.

A Der / die / das ist nicht … / zu …
B Oh! Pardon, wir tauschen das um. / wir nehmen das zurück.

A Könnten Sie das bitte zurücknehmen? Es ist zu … / Es ist nicht …
B Oh, das tut mir leid! Aber selbstverständlich!

A Hier fehlt ein / eine …!
B Oh, einen Augenblick, ich bringe sofort eine / eins / einen.

L. Die Rechnung begleichen:

A Ich möchte bitte zahlen!
B Ja, gern. – Zusammen oder einzeln / getrennt?
A Zusammen, bitte!
B Das macht 23 Mark 70.
A 25 Mark, bitte.
B Danke sehr!

A Die Rechnung bitte!
B Sofort! Das macht 12 Mark 20.
A Dreizehn, bitte.
B Vielen Dank.

A Zahlen, bitte!
B Moment bitte! Hier, das macht 12 Mark 50.
A Bitte!
B Danke!

Übung 1: Spielen Sie die Rolle von Gästen und die Rolle der Bedienung in einem Restaurant unter Benutzung des Sprachmaterials auf den vorangehenden Seiten und der abgedruckten Speisekarten (S. 59, 66 und 92).

Übung 2: Wenn Sie Mitglied einer größeren Gruppe sind, können Sie mehrere kleinere Gruppen von Gästen bilden und die Bedienung etwas unter Zeitdruck setzen.

Übung 3: Spielen Sie diese Situation mehrmals mit verschiedenen Variationen, bis Sie das Sprachmaterial beherrschen. Danach unterhalten Sie sich über einige Gerichte, die Sie in diesem Büchlein kennengelernt haben.

Neuntes Kapitel

Wissenswertes über Wein, Bier und Schnaps

A. Wein

Die Qualität des Weines hängt ab:

1. vom Herkunftsgebiet (z.B. Rheingau, Rheinhessen, Rheinpfalz, Ahr, Mosel-Saar-Ruwer, Franken, Baden);
2. von der Bodenart;
3. von der Rebsorte bzw. der Traube (z.B. Weißweine (85%): Silvaner, Riesling, Traminer; Rotweine (15%): Spätburgunder, Portugieser, Trollinger);
4. vom Jahrgang (also dem Jahr, in dem die Trauben geerntet wurden). Besonders gute Jahrgänge für deutsche Weine waren z.B. 1978, 1979, 1982, 1987, 1989;
5. von der Zeit oder der Art der Lese (z.B. Spätlese, Auslese, Beerenauslese);
6. vom Klima während der Reifezeit;
7. vom Herstellungsverfahren.

Strenge Reglementierung und jährliche Kontrollen sorgen dafür, daß der Verbraucher auf dem Etikett sehen kann, was wirklich in der Flasche ist. Nach dem deutschen Weingesetz gibt es drei Güteklassen:

Güteklasse I: Deutscher Tafelwein und Deutscher Landwein

Tafelwein darf nur aus deutschen Trauben hergestellt werden. Eines der vier Anbaugebiete für deutschen Tafelwein (Rhein-Mosel, Bayern, Neckar, Oberrhein) kann ebenfalls auf dem Etikett erscheinen. Jahrgang und Traubensorten dürfen fehlen, können aber angegeben werden, wenn sie mindestens 85% des Inhalts ausmachen.
Für Landwein verwendet man nur Trauben aus den 17 Landweingegenden. Die Gegend, aus der die Trauben stammen, muß auf dem Etikett angegeben werden.
Deutsche Tafel- und Landweine machen weniger als 10% der gesamten Weinproduktion aus.

Güteklasse II: Qualitätswein bestimmter Anbaugebiete (b.A.) mit amtlicher Prüfnummer (A.P.Nr.)

Die Prüfungsnummer wird nur erteilt, wenn die Trauben in einem einzigen der elf Anbaugebiete (Mosel-Saar-Ruwer, Ahr, Mittelrhein, Nahe, Rheingau, Rheinhessen, Rheinpfalz, Hessische Bergstraße, Württemberg, Baden, Franken) geerntet worden sind. Erscheint eine Einzellage auf dem Etikett, dann müssen 85% des Inhalts von dieser Lage stammen. Jahrgang und Rebsorte können angegeben werden. Grundsätzlich gilt: Jeder Wein wird amtlich geprüft.

Güteklasse III: Qualitätswein mit Prädikat und amtlicher Prüfungsnummer (A.P.Nr.)

Das sind Weine höchster Qualität. Jahr, Lage und Rebsorte werden meistens angegeben. Die Prädikate sind (in der Reihenfolge zunehmender Qualität):

Kabinett	Beerenauslese
Spätlese	Trockenbeerenauslese
Auslese	Eiswein

Nach dem deutschen Weingesetz gibt es folgende Weinarten:
Weißwein, Rotwein, Rosé (Weißherbst), Rotling (Schillerwein, Badisch-Rotgold), Perlwein.

Ausländische Weine dürfen grundsätzlich nicht mit deutschen Weinen vermischt werden.

1. Nennen Sie die 7 Faktoren, die die Qualität des Weines bestimmen.

    _____   _____

    _____   _____

    _____   _____

    _____

2. Nennen Sie die Bezeichnungen für die drei Güteklassen nach dem deutschen Weingesetz.

    _____   _____

    _____

3. Nennen Sie mindestens 2 der 4 Anbaugebiete für deutschen Tafelwein.

    _____   _____

4. Nennen Sie mindestens 6 der 11 Anbaugebiete für Wein der Güteklasse II.

    _____   _____

    _____   _____

    _____   _____

5. Nennen Sie mindestens 2 der 6 Prädikate für Wein der höchsten Güteklasse III.

    _____   _____

1. Wie nennt man die Gegend, wo der Wein herkommt? (mehrere Ausdrücke)

    _____

2. Woraus wird Wein hergestellt? _____

3. Die Weinernte ist die _____

4. Das Stück Papier auf der Weinflasche ist das _____

5. Ein anderes Wort für Weintraube ist _____

Übung 3   Ergänzen Sie die Texte.

1. Deutscher Tafelwein

Tafelwein darf nur _____ deutschen Trauben hergestellt

_____. Eines der vier _____ für deut-

schen Tafelwein kann ebenfalls _____ dem Etikett erscheinen.

Jahrgang und Traubensorte _____ fehlen, können aber

angegeben _____, wenn sie mindestens 85%

_____ Inhalts ausmachen.

2. Deutscher Landwein

Für Landwein verwendet man nur Trauben _____ den 17

Landweingegenden, und die Gegend, _____ der die Trauben

stammen, muß _____ dem Etikett angegeben

_____.

3. Qualitätswein b.A.

Die Prüfungsnummer wird nur erteilt, _____ die Trauben

_____ einem einzigen _____ elf An-

baugebiete geerntet _____. Erscheint eine Einzellage

_____ dem Etikett, dann müssen 85%

_____ Inhalts _____ dieser Lage stammen.

Jahrgang und Rebsorte können _____. Grundsätzlich gilt:

Jeder Wein _____ amtlich _____.

4. Qualitätswein mit Prädikat

Das sind Weine höchst_____ Qualität. Jahr, Lage und

Rebsorte _____ meistens angegeben.

_____ dem deutschen Weingesetz gibt

_____ folgende Weinarten:

_____   _____

_____   _____

_____   _____

B. Bier

Woraus wird Bier gemacht?

s Malz: Das ist gekeimte Gerste. Für die meisten Biere darf nur Gerstenmalz verwendet werden. Durch das Keimen werden die verschiedensten Enzyme frei: Diastase verwandelt Stärke in Dextrine und Maltose; andere Enzyme sind wichtig für die Gärung, den Geschmack und für den Schaum.

r Hopfen: Eine 4–8 m hohe Schlingpflanze.
Nur die weiblichen Dolden werden im August gepflückt und getrocknet. Hopfen gibt dem Bier einen würzigen, meist zart bitteren Geschmack und erhöht die Haltbarkeit, die Lagerfähigkeit.

s Wasser: Da das Wasser von Region zu Region verschieden ist, würde das Bier selbst bei identischem Herstellungsverfahren anders schmecken. Kenner behaupten, daß die Qualität des Wassers den Charakter des Bieres entscheidend bestimmt.

e Hefe: Durch die Hefe wird die Gärung eingeleitet. Man unterscheidet Hefen, die bei 15–20° C gären (= Obergärung), und Hefen, die bei 5–10° C gären (Untergärung).

Es gibt deshalb untergärige Biere und obergärige Biere.

100

Einige Biersorten

Die Würze wird aus Wasser, Malz und Hopfen im Sudhaus der Brauerei hergestellt. Sie besteht hauptsächlich aus Malzzucker, der im späteren Verlauf der Bierbereitung zu Alkohol vergoren wird.

Alle löslichen und unlöslichen Substanzen in der Würze zusammen werden als Stammwürze bezeichnet.

	Gehalt an Stammwürze	Ungefährer Alkoholgehalt des Bieres in Volumenprozent (% vol)
Biere mit niedrigem Stammwürzegehalt	unter 7 %	1,5–2,5%
Schankbiere	7 bis unter 11%	2,5–3,5%
(Voll-) Bier	11 bis unter 16%	3,5–5,5%
Starkbier, Bockbier	über 16%	über 5,5%

Untergärige Biere:

Pils, Pils(e)ner Ein aus Gerstenmalz hergestelltes, hopfenbetontes helles Bier mit einem Stammwürzegehalt von mindestens 11%.

Hell Ein aus Gerstenmalz hergestelltes helles Bier mit einem Stammwürzegehalt von mindestens 11%.

Export Ein aus Gerstenmalz hergestelltes helles Bier mit einem Stammwürzegehalt von mindestens 12%.

Obergärige Biere:

Alt Ein aus Gersten- und/oder Weizenmalz hergestelltes, hopfenbetontes dunkles Bier mit einem Stammwürzegehalt von mindestens 11%.

Kölsch Ein helles, hochvergorenes, hopfenbetontes Bier mit einem Stammwürzegehalt von mindestens 11%.

Weizen-/Weißbier Ein aus Weizenmalz hergestelltes Bier mit einem Stammwürzegehalt von mindestens 11%.

Bierausstoß

96,6% der produzierten Biere in der Bundesrepublik sind Vollbiere mit einem Stamm-würzegehalt* zwischen 11% und 14%, nur 0,7% sind Starkbiere (Stammwürzegehalt* ab 16%).

72,2% des Bieres wird in Flaschen und Dosen abgefüllt. Der Bierexport erreicht 5,7% am Gesamt-Bierausstoß von 93,0 Millionen Hektolitern.

* nicht identisch mit dem Alkoholgehalt

Bierkonsum in Litern je Einwohner (1988)

Bundesrepubl. Deutschland	143,0	Kanada	81,9 (87)
Dänemark	126,5	Schweiz	69,4
Belgien/Luxemburg	120,5	Spanien	68,7
Österreich	118,0	Schweden	56,0
Australien	112,0 (87)	Portugal	53,1
Großbritannien	110,9	Griechenland	41,0
Irland	94,4	Frankreich	39,2
Vereinigte Staaten	90,1 (87)	Italien	22,5
Niederlande	83,3		

Übrigens wird das meiste Bier in Nordrhein-Westfalen hergestellt und nicht in Bayern. Aber ein Bayer trinkt durchschnittlich 218 l im Jahr, ein Nordrhein-Westfale dagegen nur 154 Liter.

1989 befanden sich in Bayern 764 gewerbliche Braustätten (von 1178 im ganzen Bundesgebiet).

Und wieviel verdient der Staat an diesem Durst? Im Jahr 1989 waren es 1,3 Milliarden DM.

Übung 1   Ein kleines Quiz.

1. Nennen Sie die vier Dinge, aus denen Bier gemacht wird.

   _____   _____

   _____   _____

2. Wieviel Stammwürze haben

   Vollbiere? _____

   Starkbiere? _____

3. Wieviel Prozent Alkohol hat ungefähr ein normales dunkles Bier?

_____

4. Charakterisieren Sie nach Farbe und Geschmack die folgenden Biere:

Pilsener _____

Dortmunder _____

Münchener _____

Berliner Weißbier _____

Braunschweiger Mumme _____

5. Wieviel Liter Bier trank im Jahre 1988 der deutsche Otto Normalverbraucher?

_____

6. Wo wird mehr Bier hergestellt? In Bayern oder in Nordrhein-Westfalen?

_____

Übung 2 Ergänzen Sie die Sätze. (Wortschatzübung)

1. Malz ist _____ Gerste.

2. Für die untergärigen Biere darf nur Gerstenmalz _____
   werden.

3. Diastase _____ Stärke in Dextrine.

4. Die weiblichen Dolden des Hopfens werden im August

   _____.

5. Hopfen gibt dem Bier einen würzigen und meist zart bitteren

   _____.

6. Wasser ist von Region zu Region _____.

7. Die Qualität des Wassers _____ den Charakter des Bieres.

8. Durch die Hefe wird die _____ eingeleitet.

Übung 3   Antworten Sie ganz kurz.

1. Was ist Malz? _____

2. Was wird durch das Keimen der Gerste frei? _____.

3. Was für eine Pflanze ist der Hopfen? _____.

4. Was wird durch den Zusatz von Hopfen erhöht? _____.

5. Was wird durch die Hefe eingeleitet? _____.

Übung 4   Wie heißen die fehlenden Wörter?

Verb	Adjektiv / Part. Perf.	Nomen (+ Artikel)
1. _____	gekeimt	r Keim, -e
2. schäumen	schaumig	_____
3. _____	schmackhaft	_____
4. würzen	_____	e Würze
5. _____	gärend, gegärt	_____
6. haltbar machen	haltbar	_____

C. Schnaps

Was sagen die Wörterbücher?

Schnaps *der*; -es, *Schnäp·se*; ein starkes alkoholisches Getränk 〈mit mehr als 30 % Alkohol〉, das aus Obst, Kartoffeln od. Getreide gemacht wird 〈S. brennen〉 ‖ K-: *Schnaps-, -brenner, -brennerei, -flasche, -glas* ‖ -K: *Anis-, Birnen-, Kräuter-, Wacholder-, Zwetschgen-* ‖ NB: ↑ *Branntwein*
Schnaps·bru·der *der*; *gespr pej* ≈ Alkoholiker
Schnaps·idee *die*; *gespr*; e-e unrealistische, verrückte Idee

(Langenscheidt)

Schnaps *m*: Das urspr. *nordd.* Wort (*niederd.* Snaps) bezeichnet seit dem 18. Jh. den Branntwein, urspr. aber einen Mundvoll oder einen schnellen Schluck, wie er gerade beim Branntweintrinken üblich ist. Es ist eine Substantivbildung zu →*schnappen.* Abl. s c h n a p s e n *ugs.* für „Schnaps trinken" (im 18. Jh. *niederd.* snappsen).

(Duden: Etymologie)

Schnaps 〈m. 1 u.〉 *stark alkohol. Getränk, Branntwein;* 〈†〉 *Schluck* [zu *schnappen;* urspr. ein „kurzer Schluck, Mundvoll"; seit dem 18. Jh. auf den Branntwein eingeschränkt] **~ bren·ner** 〈m.〉 *Hersteller von Schnaps* **~ bren·ne·rei** 1 〈f.〉 *Fabrikation von Schnaps* 2 〈zählb.〉 *Betrieb dafür* **~ bru·der** 〈m.; umg.〉 *(gewohnheitsmäßiger) Trinker* **~ bu·de, ~ bu·di·ke** 〈f.; umg.; verächtl.〉 *Lokal, in dem kräftig gezecht wird*
'**Schnäps·chen** 〈n. 14〉 *ein wenig Schnaps, ein kleines Glas voll Schnaps;* wir wollen schnell noch ein ~ trinken
'**schnap·sen** 〈V. i.; umg.〉 *Schnaps trinken*
'**Schnaps|glas** 〈n.〉 *kleines Glas für Schnaps* **~ idee** 〈f.; umg.〉 *verrückter Einfall;* was ist das wieder für eine ~ !
'**Schnäps·lein** 〈n. 14; bes. poet.〉 = *Schnäpschen*
'**Schnaps·na·se** 〈f.; umg.〉 *rote Nase vom vielen Alkoholtrinken*

(Wahrig)

Übung 1 — Wie heißen die Wörter?

1. Hersteller von Schnaps   _____

2. Betrieb für die Fabrikation von Schnaps   _____

3. Gewohnheitsmäßiger Trinker   _____

4. Lokal, in dem viel getrunken wird   _____

5. Verrückter Einfall _____

6. Rote Nase vom vielen Alkoholtrinken _____

Übung 2 Ergänzen Sie die Sätze (Präpositionen).

1. Das Wort Schnaps bezeichnet _____ dem 18. Jahrhundert
   den Branntwein.

2. Branntwein, den man _____ einem Zug trinkt.

3. Ein Betrieb _____ die Fabrikation

   _____ Schnaps.

4. Ein Lokal, _____ dem viel gezecht wird.

5. Ein Gläschen _____ Schnaps.

Übung 3   Nennen Sie mindestens 4 andere Wörter für Schnaps oder bestimmte
Schnapssorten.

_____   _____

_____   _____

Übung 4   Erklären Sie die Wörter in kurzen Sätzen.

1. Schnaps _____

2. Schnapsbrenner _____

3. Brennerei _____

4. Schnapsbruder _____

5. Schnapsbude _____

6. Schnapsidee _____

7. Schnapsnase _____

Schlüssel

Nicht immer ist nur eine Antwort richtig. Der Schlüssel gibt also nur Musterantworten. In Zweifelsfällen muß man sich an den Lehrer / die Lehrerin wenden.

Erstes Kapitel

Übung 1: (Nur Richtiges wird angegeben.)

1.	a + b	9.	b +c
2.	b + c	10.	a + b
3.	a + b	11.	c
4.	a	12.	a + c
5.	b	13.	a +c
6.	b + c	14.	a
7.	b	15.	a
8.	b		

Übung 2:

1. Meßbecher
2. Waage (Küchenwaage)
3. Entsafter
4. Kuchenform
5. Backblech
6. Fleischwolf
7. (Küchen)herd
8. Spülmaschine, Geschirrspülmaschine, Geschirrspüler
9. Pfanne
10. Schüsseln

Übung 3:

1. Sieb
2. Zitronenpresse
3. Schneebesen
4. Reibe, Raspel
5. Korkenzieher
6. Dosenöffner, Büchsenöffner
7. Schaumlöffel, eine Schaumkelle
8. Kühlschränke
9. Kaffeeautomaten, die neue Kaffeemaschine
10. Besteck

Übung 4: (Viele Antworten können richtig sein.)

1. Damit mißt man Zutaten.
2. Wenn ich gern Toastbrot esse, brauche ich einen Toaster.
3. Darauf bäckt man entweder eine Pizza oder Plätzchen.
4. Die braucht man zum Wiegen von Zutaten.
5. Den braucht man zur Zubereitung von Obst- oder Gemüsesaft.
6. Man braucht sie zum Reiben von Möhren und Rettichen.
7. Der Kuchenteig wird in die Kuchenform gegeben.
8. Die Spülmaschine spült das Geschirr automatisch.
9. Damit kann man Soßen und Gemüse umrühren.
10. In jeder Küche gibt es einen Herd.
11. Küchenmaschinen sind die elektrischen Geräte, die uns die Arbeit in der Küche erleichtern.
12. Den braucht man zum Grillen.
13. Wenn man Gehacktes will, dreht man ein Stück Fleisch durch den Fleischwolf.
14. Ohne Töpfe kommt man in der Küche nicht aus.
15. In der Pfanne brät man.
16. Damit kann man ohne Anstrengung Teig kneten, mixen oder Sahne schlagen.
17. Gekochte Kartoffeln oder gekochtes Gemüse bringt man in Schüsseln auf den Tisch.
18. Im Sieb läßt man das gewaschene Gemüse abtropfen.
19. Damit preßt man den Saft aus der Zitrone.
20. Damit schlägt man Eiweiß zu Schaum.
21. Zur Zubereitung von Rettichsalat braucht man eine Reibe.
22. Sobald man ein scharfes Messer benutzt, nimmt man besser ein Brettchen, damit nichts zerkratzt wird.
23. Zum Kartoffelschälen.
24. Das braucht man zum Essen von Speisen.
25. Darin trägt man z.B. Speisen auf.
26. Mit einem Mikrowellengerät kann man Speisen in Sekunden erhitzen.

Zweites Kapitel

Übung 1:

1.	abkochen	6.	braten
2.	aufkochen	7.	grillen
3.	einkochen	8.	backen
4.	schmoren	9.	anbraten
5.	rösten	10.	legieren

Übung 2:

1. backen
2. binden
3. abschrecken
4. dämpfen
5. abschmecken
6. anbrennen
7. auslassen
8. marinieren
9. marinieren/einlegen
10. flambieren

Übung 3:

1.	fritieren	6.	quellen
2.	gratinieren	7.	raspeln
3.	mahlen	8.	schmelzen
4.	panieren	9.	spicken
5.	putzen	10.	tranchieren

Übung 4:

1. kocht
2. aufkochen
3. Einkochen
4. kochen
5. überkocht
6. abschrecken
7. gebratene
8. gegrillt
9. backen
10. binden/legieren

Übung 5:

1. abschmecken
2. Ausgelassene
3. eindicken
4. flambiert
5. paniert
6. schlägt
7. spicken
8. angebrannte
9. Gratinieren
10. gemahlener
11. quellen
12. Eingelegte

Drittes Kapitel

Übung 1:

a. Aus Kassel kommt das Kasseler und der Kasseler Rippenspeer.
   Aus Parma kommt der Parmaschinken.
   Aus dem Schwarzwald kommt der Schwarzwälder Schinken.
   Aus Westfalen kommt der Westfälische Schinken.
b. Eisbein mit Sauerkraut
   Linsen mit Speck
   Spargel mit Buttersauce und gekochtem Schinken
c. 1. gekocht; 2. roh; 3. geräuchert

Übung 2:

a. Aus dem Rheinland kommt der Rheinische Sauerbraten.

Aus Szegedin in Ungarn kommt der/das Szegediner Gulasch.
b. Filet Mignon
   Filetspitzen Stroganoff
   Ochsenschwanzsuppe
c. Siehe: Fleisch vom Rind

Übung 3:

a. Aus Wien kommt das Wiener Schnitzel.
   In Zürich gibt es das Zürcher Geschnetzelte.
   In Berlin kennt man die Kalbsleber Berliner Art.
b. Siehe: Fleisch vom Kalb

Übung 4: Siehe: Fleisch vom Hammel

Übung 5: Siehe: Geflügel

Übung 6: Siehe: Wild

Übung 7: Siehe: Fisch, Krebstiere, Schalentiere

Viertes Kapitel

Für dieses Kapitel ist ein Schlüssel nicht möglich.

Fünftes Kapitel

A. Salzburger Nockerl

Übung 1:

1. trennt
2. gerührt
3. vorgeheizt
4. geschlagen
5. zu
6. um/unter
7. schüttet/gießt
8. bei
9. reißt/trennt ... ab

Übung 2:

1. Puderzucker

2. schaumig
3. vorheizen
4. steif/schaumig
5. feuerfest/backfest
6. erhitzt
7. Hitze
8. bestreut

Übung 3:

1. Man trennt das Eigelb von dem Eiweiß
2. Alles wird schaumig gerührt.
3. Er wird vorgeheizt.
4. Es wird steif geschlagen.
5. Man schüttet die schaumige Masse hinein.
6. Bis alles goldgelb ist.
7. Man bringt es zum Tisch und reißt kleine Stücke ab.
8. Man ißt und genießt.

Übung 4: Siehe Seite 43.

Übung 5: Schlüssel nicht möglich.

B. Reibekuchen oder Kartoffelpuffer

Übung 1:

1. rohen, gerieben
2. gemischt, zu
3. heiß
4. gibt
5. Seite, dreht, werden
6. heiß, zu, serviert

Übung 2:

1. mit
2. unter, zu
3. in, mit, in
4. auf
5. zu, -zu

Übung 3:

1. Zutaten
2. roh
3. Brei
4. schält
5. Löffel
6. flach
7. serviert

Übung 4:

1. Sie werden geschält, gewaschen und grob gerieben.
2. Sie wird geschält und ebenfalls gerieben.
3. Alles wird unter den Kartoffelbrei gemischt und zu einem Teig verrührt.
4. In einer Pfanne.
5. Man gibt den Teig in die heiße Pfanne und macht drei flache Plätzchen.
6. Man dreht sie um.
7. Man gibt sie heiß zu Tisch.
8. Apfelkompott.

Übung 5: Siehe Seite 47.

Übung 6: Schlüssel nicht möglich.

C. Eisbein mit Sauerkraut
Übung 1:

1. Wasser
2. Schmalz, Zwiebel
3. Zeit, Fett
4. Eisbeins, Topf, Wacholderbeeren, Salz
5. Hitze
6. Kartoffelbrei (Kartoffelpüree), Salzkartoffeln

Übung 2:

1. gekocht
2. zerläßt, röstet
3. gibt, läßt, dünsten
4. füllt, dünsten
5. anbietet (serviert), binden
6. geht

Übung 3:

1. Fleisch
2. Fett
3. Gemüse
4. Gewürze
5. Farben
6. Gerichte

Übung 4:

1. in
2. in
3. aus, in
4. bei
5. mit
6. über

Übung 5:

1. Es wird in wenig Wasser fast gar gekocht.
2. In einem Topf zerläßt man das Schmalz.
3. Man schält, würfelt und röstet sie.
4. Erst läßt man es kurz im Fett schmoren, dann läßt man es gar dünsten.
5. Man gibt das Eisbein hinzu.
6. Mit einer Kartoffel oder mit Kartoffelbrei.
7. Probieren.

Übung 6: Siehe Seite 51.

Übungen 7 und 8: Schlüssel nicht möglich.

D. Rheinischer Sauerbraten
Übung 1:

1. Mit, in
2. in
3. in
4. Nach, aus, mit
5. Im, auf
6. mit, im
7. Während, mit
8. Nach
9. mit
10. Zu

Übung 2:

1. zerriebenes
2. zerstoßene
3. klein geschnittene
4. angegebenen
5. zugedeckten
6. gewürfelten (in Würfel geschnittenen)
7. ausgelassenes
8. durchgesiebte
9. geschlossenen
10. mit Wasser aufgefüllten

Übung 3:

1. zu
2. um
3. aus
4. an
5. durch
6. dazu

7. auf
8. ab
9. auf

Übung 4:

1. In einem Porzellan- oder Emailletopf.
2. Mit Wasser.
3. Drei bis vier Tage.
4. Täglich mindestens einmal.
5. Damit die Marinade gut durchzieht.
6. Man nimmt das Fleisch aus der Marinade.
7. Mit Salz.
8. Mit Senf.
9. Wenn das Fett ausgelassen und heiß ist.
10. Mit etwas durchgesiebter Marinade.
11. Die kleinen Zwiebeln, die Möhre und die Petersilie.
12. Ca. 30 Minuten.
13. Im geschlossenen Topf.
14. Man begießt den Braten immer wieder mit Soße.
15. Mit heißem Wasser oder durchgesiebter Marinade.
16. Wenn zuviel Soße verdunstet.
17. Nach 30 Minuten.
18. 3/4 in Flüssigkeit.
19. Gelegentlich.
20. Man bindet die Soße mit der sauren Sahne, dem Honig und dem zerriebenen Schwarzbrot.
21. Mit Salz, Pfeffer und Zucker.
22. Süßsauer.
23. Kartoffelklöße, Rotkohl und Apfelkompott.

Übung 5: Siehe Seite 57

Übungen 6 und 7: Schlüssel nicht möglich.

E. Zwetschgenknödel
Übung 1:

1. mit, in, bei
2. im

3. durch, mit, zu
4. mit
5. Um, mit, in
6. in
7. mit, mit
8. zu

Übung 2:

1. gar, ab-
2. nach-
3. ver-
4. ent-
5. aus-
6. heraus, ab-, be-, be-

Übung 3:

1. Klöße, Knödel
2. Pellkartoffeln
3. Zwetschgen
4. Würfelzucker
5. Puderzucker
6. Marillen, Marellen

Übung: 4

1. Ja, aber erst später.
2. In Salzwasser.
3. Bei schwacher Hitze.
4. Es wird abgegossen.
5. Im offenen Topf.
6. Sie werden geschält, gerieben oder durch den Fleischwolf gedreht.
7. Zu einem Knödelteig.
8. Man entsteint sie.
9. Mit einem Stück Würfelzucker.
10. Eine Kugel.
11. Sie wird ausgelassen und etwas gebräunt.
12. In einen großen Topf mit kochendem Salzwasser.
13. Vorsichtig!
14. Mit gebräunter Butter.
15. Mit Zucker und Zimt.

Übung 5: Siehe Seite 65

Übungen 6 und 7: Schlüssel nicht möglich.

Sechstes bis achtes Kapitel

Für diese Kapitel ist ein Schlüssel nicht möglich.

Neuntes Kapitel

A. Wein
Übung 1:
Siehe Seite 89 und 90.

Übung 2:

1. Großlage, Kleinlage, Anbaugebiet, Weinberg
2. Aus Trauben
3. Weinlese
4. Etikett
5. Zusätze
6. Rebe

Übung 3:
Siehe Seite 89 und 90

B. Bier
Übung 1:

1. Hopfen, Malz, Wasser, Hefe
2. 11-14% / 10%
3. 3-4%
4. Siehe Seite 94.
5. 143 l
6. In Nordrhein-Westfalen

Übung 2:

1. gekeimte
2. verwendet
3. verwandelt
4. geerntet (gepflückt)
5. Geschmack
6. verschieden
7. bestimmt (beeinflußt)
8. Gärung

Übung 3:

1. Gekeimte Gerste.
2. Enzyme.
3. Eine Schlingpflanze.

4. Die Haltbarkeit, die Lagerfähigkeit
5. Die Gärung.

Übung 4:

1. keimen
2. der Schaum
3. schmecken, der Geschmack
4. würzig
5. gären, die Gärung

C. Schnaps
Übung 1:

1. Schnapsbrenner
2. Schnapsbrennerei
3. Schnapsbruder (Alkoholiker)
4. Schnapsbude (Schnapslokal)
5. Schnapsidee
6. Schnapsnase

Übung 2:

1. seit   4. in
2. in   5. -
3. für, von

Übung 3:

Branntwein, Korn, Klarer, Wacholder, Kirschwasser, Dornkaat

Übung 4:

Viele Antworten können richtig sein.
1. Das ist ein scharfes alkoholisches Getränk.
2. Das ist ein Hersteller von Branntwein.
3. Dort produziert man Schnaps.
4. Ein Schnapsbruder trinkt gewohnheitsmäßig.
5. Das ist ein Lokal, wo viel getrunken wird.
6. Das ist ein verrückter Einfall.
7. Das ist eine Nase, die vom vielen Trinken rot geworden ist.